國學大師的
心靈雞湯

聶小晴———編著

前　言

隨大師品味心靈悟語

　　這個世界由各種各樣的生命體組成，有春天的露水，有夏夜的苦蟬，有深秋的落葉，還有寒冬的霜雪。在四季的輪替中，它們猶如報時鐘一樣，以各自的方式提醒著我們快樂抑或悲傷地變遷。必須承認，在如子彈頭列車般高速運轉的世界中，我們的情緒，包括我們的靈魂如同小時候常玩的玻璃彈球一般，在急速的旋轉中，呈現出時而舒緩、時而緊張的態勢。

　　在這個被物質消費、霓虹閃爍、繁忙交通、擁護人群包裹著的，被形容為「無與倫比」的物質時代，我們又不得不承認，熱衷都市生活的我們，充其量不過是被蒙在「都市」這個龐大罐頭裡的沙丁魚。毫無波瀾的生活、朝九晚五的工作，在向我們提供溫暖的飯食和公平的競爭機會的同時，實際上無時無刻不在消磨著我們青春的肉體與心靈。

　　可還記得性格開朗、喜歡大笑的自己，始終相信自己的創造，認同自己的感受，沒有放棄，不懂妥協，目標堅定而內心充實。

　　可還記得，對你來說，任何問題都是豐滿強大內心的助推器，決

然不是拉扯你人生跳躍的那一隻黑漆漆的手；對你來說，腳下的路雖然坎坷不斷，但在你緊握的雙手中，是牢固的希望，而非絕望。

可還記得自己在「此時此刻」的奮鬥，工作不拖拉，凡事過程與結果兼顧。雖然有對未來的期許，但從不做不切實際的白日夢，比起那些毫不振作、過一天算一天的「社會寄生蟲」，你從來是今日的事情今日完成，每天充滿朝氣，身邊的人也因此而受到正面的影響。

你懂得自省與反思，明白生命的脆弱和不易，因此，你感恩而不浮躁，助人而不自私，承擔而不抱怨，珍惜而不揮霍，無論多苦，都以積極的姿態，微笑著面對所有的挑戰。

這樣一個「自己」，對你來說，是否久違了？如今的我們，誠然還保有昔日的光彩，但更多的是另一種形象的自己。是世界改變了我們，還是我們改變了世界？顯然是前者，它的力量過於強大，我們所能做的只有順應，而非對抗，但這並不意味著我們只能逆來順受，與自己、與內心為敵；在被高架橋與摩天樓佔據的有限空間裡，我們是否依然能聽到呼喚全心自我的聲音？

生活就像一面鏡子，能照出我們失去的無奈、不得的遺憾。在鋼筋水泥的都市，我們拼命賺錢，透支身體，最後被無盡的欲望吞噬。

我們還能回到當初嗎？體認我們當下的煩惱，回味曾經意氣的自己，不難發現，是我們將自己丟失在這個茫茫的都市中。其實，好與壞、悲與樂都在我們的轉念之間，誰都沒有束縛我們，是我們捆綁了自己。我們需要一場由內而外、觸及靈魂的徹底滌蕩。這也正是編著這本書的用意所在。

　　本書彙集了胡適、馮友蘭、梁漱溟、季羨林、南懷瑾、林語堂等數十位國學大師的慧心妙語，用他們的人生經驗為我們當下的人提鑒對生命的認識、對自我的肯定、對欲望的清洗、對幸福的珍惜。將人生感悟、生活經歷、智慧心得與讀者共同分享，在喧囂的社會中，為自己找尋人生的方向。

　　現在，就讓我們隨著大師的心語，沏一杯香茗，用大師們的人生智慧為自己增添更多正能量，希望每位讀者都能以此為心徑，抵達自己心靈的那塊福田。

編著者

2013年5月

目 錄

CONTENTS

第二十四課　永遠推波助瀾般地成長
——滿懷希望，持正能量前行

第一課

時時拂塵，時時修剪

——在省思中航向完整的自我

觀照己身，清理內在塵埃

▍ 大師如是說

　　知識之敗，慕虛名而不務潛修也；品節之敗，慕虛榮而不甘枯淡也。時時拂塵，方見清風明月。

　　　　　　　　　　　　　　——著名哲學家、新儒學宗師熊十力

　　現在很多人常常自作聰明地遮掩自己的錯誤，不僅不肯承認錯誤，還會為自己所犯的錯誤尋找各種各樣的藉口。星雲大師曾經舉例，當有的年輕人未能把吩咐給他的事情做好的時候，他們不僅不做自我檢討，反而會找來各種託詞，比如在行堂的時候打碎了碗，他並不認為這源於自己的魯莽和冒失，反而會抱怨「地太滑了」、「磨石子路太硬，不方便走路」或者「碗太不結實了」之類。他自作聰明，認為這些藉口似乎能夠堵住他人的責備，殊不知這只會讓自己變得更加可笑。

　　「沒有任何藉口」，是美國西點軍校奉行的最重要的行為準則。它強調的是，要為成功找理由，不為失敗找藉口。一個人做任何事，

如果出現了差池，只要他願意，總能找到完美的藉口，但藉口和成功卻不在同一屋簷下。

美國西點軍校有一個久遠的傳統，遇到學長或長官問話，新生只能有四種回答：

「報告長官，是！」

「報告長官，不是！」

「報告長官，沒有任何藉口。」

「報告長官，不知道。」

除此之外，沒有其它回答。比如長官問：「你認為你的皮鞋這樣就算擦亮了嗎？」新學員的第一個反應肯定是為自己辯解：「報告長官，剛才排隊時有人不小心踩到了我。」

但是這種下意識的辯解並不在四個「標準答案」裡，是不能令長官滿意的，學員只能回答：「報告長官，不是。」

長官又問：「為什麼沒有擦亮？」

學員沒有任何選擇，只能正視著長官的眼睛，回答說：「報告長官，沒有任何藉口。」然後接受任何形式的懲罰。

一個善於反省的人往往能及時發現自己的錯誤，也明白老老實實

認錯是最明智的做法，而不是想方設法找藉口為自己辯護。藉口不過是一個人做錯事的擋箭牌，是敷衍別人、原諒自己的護身符，是掩飾弱點、逃避責任的百驗靈丹。而這些，只會讓一個人越來越糊塗，從而將所有的缺點自我遮罩，不知不覺間在泥潭中越陷越深。

懂得自省的人，能虛心接受別人的指正，改正自己的過失，便能夠如無瑕的白璧一般，獲得高潔的人格。在我們自以為是、為自己尋遍理由時，自省就像一道清泉，將我們自身淺薄、浮躁、自滿、洗滌一空，重現清新、昂揚、雄渾和高雅的旋律，讓生命重放異彩、生氣勃勃。

只能修正自己，不能修正別人

▌ 大師如是說

　　看清自己的面目，不致妄念叢生。做人的本義，就是要求自身的進步。求諸己而達於人。

——著名思想家、哲學家梁漱溟

　　修正，就是自我反省、自我檢查，不斷修正自己的過程，以能「自知己短」，從而彌補短處，糾正過失。力求上進的人都是重視自省、重視修正自己的。因為他們知道，修正自己是認識自己、改正錯誤、提高自己的有效途徑，更能使自己的人格不斷趨於完善、走向成熟。

　　孔子的學生曾參說，他每天從三方面反覆檢查自己：替人辦事有未曾竭盡心力之處嗎？與朋友交往有未能誠實相待之時嗎？對老師傳授的學業有尚未認真溫習的部分嗎？他就是這樣天天自省，長處繼續發揚，不足之處及時改正，最終成為學識淵博、品德高尚的賢人。成為這樣的人，你的話會被更多的人傾聽，你的行為會被更多的人模仿。

當在現實中面對一些不如意的地方時，我們更該想想若是處在同樣的地位自己是不是也會做同樣的舉動。

一個哲學家在海邊親眼目睹一艘船遇難，他便抱怨上帝不公，只為了一個罪惡的人偶而乘坐這艘船，竟讓全船無辜的人都葬身大海。

正當他感慨萬分時，發現自己被一大群螞蟻圍住了。原來哲學家恰好站在一個螞蟻窩旁邊。有一隻螞蟻爬到他腳上，咬了他一口，又疼又惱的他立刻用腳碾死了所有的螞蟻。

這時，上帝出現了，他看著哲學家說：「你自己不也和我一樣，如此對待眾多無辜可憐的螞蟻，又有什麼資格來批判我的行為？」

面對一些事情，如果不能讓別人接受自己的想法，我們就得修正自己的態度，應該用自己的心推及別人，自己希望怎樣生活，就想到別人也會希望怎樣生活；自己不願意別人怎樣對待自己，就不要那樣對待別人；自己所不願承受的，就不要去強加在別人頭上。這就是聖人之言：己所不欲，勿施於人。

我們無法改變現實，但可以改變自己。當我們不斷地修正自己，讓自己的行為、思想趨於完美的時候，我們發現生活中也並非有那麼多的不盡如人意，我們會慢慢發現人性的美好而非一味指責人性的淪喪。只有自己做到了，才能推己及人，讓更多的人做到，帶動更多的人。

心存良善，不為得失所迷惑

▌ 大師如是說

真正有趣味的人，比如打牌，只重視打的過程，不會計較誰輸誰贏，也就不會計較自己是吃虧了還是佔了便宜。這樣的人謂之生活家，反之，便是被關在生活的牢籠裡。

——著名哲學家、思想家馮友蘭

時刻反省自己，用良知與處世標準進行自我約束和管理，才能減少過失，無愧於心。自我約束是最有力的道德力量，因為一個人做了違背道德信義的事，首先受到的是來自內心的懲罰。而正直和誠實就是一個人的良知，是一個人心中的審判官。

唐開元年間有位夢窗禪師，他德高望重，既是有名的禪師，也是當朝國師。

有一次他搭船渡河，渡船剛要離岸，這時遠處來了一位騎馬佩刀的大將軍，大聲喊道：「等一等，等一等，渡我過去！」他一邊說一邊把馬拴在岸邊，拿了鞭子朝水邊走來。

船上的人紛紛說道：「船已開行，不能回頭了，乾脆讓他等下一回吧！」船夫也大聲回答他：「請等下一回吧！」將軍非常失望，急得在水邊團團轉。

這時坐在船頭的夢窗禪師對船夫說道：「船家，這船離岸還沒有多遠，你就行個方便，掉過船頭渡他過河吧！」船夫看到是一位氣度不凡的出家師父開口求情，只好把船開了回去，讓那位將軍上了船。

將軍上船以後就四處尋找座位，無奈已無空位，這時他看到了坐在船頭的夢窗禪師，於是拿起鞭子就打，嘴裡還粗野地罵道：「老和尚，走開點，快把座位讓給我！難道你沒看見本大爺上船？」沒想到這一鞭子下來正好打在夢窗禪師頭上，鮮血順著臉龐流了下來，禪師一言不發地把座位讓給了那位蠻橫的將軍。

以恕己之心恕人，則全交。

以責人之心責己，則寡過。

這一切大家都看在眼裡，心裡既害怕將軍的蠻橫，又為禪師的遭遇感到不平，紛紛竊竊私語：將軍真是忘恩負義，禪師請求船夫回去渡他，他還搶禪師的座位並且打他。將軍從大家的議論中，似乎明白了什麼。他心裡非常慚愧，不免心生悔意，但身為將軍，卻拉不下臉面，不好意思認錯。

不一會兒船到了對岸，大家都下了船。夢窗禪師默默地走到水邊，慢慢地洗掉了臉上的血污。那位將軍再也忍受不了良心的譴責，上前跪在禪師面前懺悔：「禪師，我……真對不起！」夢窗禪師心平氣和地對他說：「不要緊，出門在外難免心情不好。」

良心的懲罰是最痛苦的煎熬，是人生痛苦的根源之一。背負著良心的懲罰會讓你苦惱得寢食不安。要做到坦坦蕩蕩，唯有讓自己的心充滿正直、誠實。當正直和誠實的陽光照耀著你的心靈時，陰霾就會遠離你的世界。天是心中那片天，神是心中那尊神。心中如有原則，做事就不會為得失所迷，心情就不會為得失所累。為人處世要對得起自己的良心，不要讓靈魂受審判。

凡事要從自己身上找原因

▌ 大師如是說

　　我受了十年的罵，從來不怨恨罵我的人。有時他們罵得不中肯，我反替他們著急。有時他們罵得太過火，反而損害罵者自己的人格，我更替他們不安。如果罵我而使罵者有益，便是我間接於他有恩了，我自然很願挨　。

　　——現代著名學者胡適

　　凡事要從自己身上找原因，而不是一味地責備別人，這便遠離了別人的怨恨。只相信自己，不相信別人，這便是導致失敗的緣由。真正的君子凡事都會從自己身上找原因，絕不會一味地去責怪他人，這才是自我修養的途徑。一個著名的企業家說：「員工必須停止把問題推給別人，應該學會運用自己的意志力和責任感，著手行動，處理這些問題，讓自己真正承擔起自己的責任來。」

　　在工作和生活中，有些人總是抱著希望付出較少、得到更多的想法行事。於是不負責任的問題就出現了。如果他們能夠花點時間，仔細考慮一番，就會看到，人生的因果法則首先排除了不勞而獲，因此我們必須要為自己的行為負責。

耶和華將亞當和夏娃安置在伊甸園中，吩咐他們：「園中樹上的各樣果子，你們可以隨意吃。只是善惡樹上的果子，你們不可吃。」亞當和夏娃吃了善惡樹上的果子，突然發現自己赤身裸體，從此有了羞恥感。為了躲避耶和華，他們藏在園裡的樹木中。耶和華呼喚亞當：「你在哪裡？」亞當說：「因為我赤身裸體，我便藏了起來。」耶和華說：「莫非你吃了善惡樹上的果子嗎？」於是亞當踢出人類第一個皮球：「是你所賜給我、與我同居的女人。她把那樹上的果子給我吃，我就吃了。」耶和華對夏娃說：「你做的是什麼事呢？」夏娃又把皮球踢開：「那蛇引誘我，我就吃了。」耶和華知道人的僭越已無法挽回，既然他具有智慧，就應當承擔與智慧相稱的責任。耶和華對罪魁禍首的蛇說：「你既做了這事，就必受詛咒，比一切的牲畜野獸更甚。你必須用肚子行走，終生吃土。我要叫你和夏娃彼此為仇，你的後裔和她的後裔也彼此為仇。她的後裔要傷你的頭，你要傷他的腳跟。」於是蛇就失去了翅膀和人身，變成了一條彎彎曲曲的長蟲，令人生厭。從此，它只能用肚子爬行，鑽洞吃土。耶和華接著責罰率先墮落的女人夏娃道：「我必須多多增加你懷胎的苦楚，你生產兒女多受痛苦。」最後耶和華對亞當說：「你既聽從了妻子的話，吃了善惡樹上的果實。土地必因為你的緣故受詛咒，你必須終身受苦，才能從地裡獲得糧食。」

互相推諉責任使他們受到了懲罰。世上有許多事情是人們無法控制的，但每個人至少可以控制自己的行為。如果不對自己的過去負責，就不可能對自己的未來負責。面對自己曾做過的事，每一個員工應該做的是承擔起自己的那份責任，而不是尋找藉口逃避責任。

真正嚴於律己者，一定是重於責己而寬以待人。重於責己者，雖然是細疵微瑕，也要昭彰於天下。正因為其敢於嚴厲解剖自己，勇於承擔責任，不飾非，不諉過，才獲得人們欽佩與景仰。職場能夠信任他人，同樣也會獲得他人的信任，這樣才能夠得到他人真心的幫助，才能獲得事業成功，遠離失敗。

第二課

學會與自己的靈魂對話

—— 生命的真諦在於有意義

生命的原生態：不矯揉，不造作

■ 大師如是說

行、住、坐、臥，都放開它，但不刻意驅逐它，也不壓制它，坦然而住，這是最初步的辦法，最初步也就是最高深的。世間上的道理，最平實的即是最偉大的；最偉大必然平實，有什麼花樣就都不是了。

——著名學者南懷瑾

保持本色似乎就如同陽春白雪一樣稀有，所以保持本色十分珍貴，而出演《士兵突擊》中許三多一角的王寶強，人們幾乎分不清他究竟是王寶強還是許三多，因為太本色了。王寶強有著和許三多一樣的純樸、謙卑和堅毅，他成功了。即使是在他成名之後，他依舊是那樣一副燦爛的笑容，言語行動依舊純樸自然。康洪雷對王寶強的未來這樣評價：「人的未來不能設計。沒有人知道明天是晴天還是雨天，是颶風還是下雨。但人總要成長，誰又敢說，本色的王寶強成不了世界巨星。」

本色的王寶強能否成為國際巨星還是個未知數，但是依舊本色的張曼玉卻已經成了一代影后。

張曼玉從小就喜歡電影，但沒敢做明星夢。機緣巧合，她當上了廣告模特兒，這也是一條通向影壇的道路。一九八三年，十八歲的張曼玉報名參加了當年的港姐選美大賽，並在決賽中獲得了亞軍和「最上鏡小姐」的榮譽。從此，人們便認識了這個容貌秀麗、活潑可愛的小姑娘，而她的職業生涯和人生理想也隨之發生了根本性的轉變。她的人就像她的名字一樣，給人曼妙靈秀、溫雅純淨的感覺。身材修長、笑容純真、嬌憨可愛，烏黑飄逸的長髮、明亮慧點的雙眸給人留下深刻的印象。她的相貌在演藝圈裡算不上最漂亮，但絕對有特點，她的美麗讓人無法複製。經過多年的演藝生涯，張曼玉依然一直保持著清新自然的本色，也正因為如此，她成為世界影迷心中無法替代的瑰麗。同年與張曼玉一起選上的佳麗還有四十八人，大多已被世人遺忘，而當時的冠軍恐怕已經不為人所知了。對張曼玉而言，如果她沒有保持自己清純自然的本色，而是隨波逐流、追趕所謂的「時尚」，也不會得到命運女神的眷顧，更不會成為人們鍾情的電影皇后。

也許你感歎自己沒有張曼玉的美麗容貌、修長身姿，也許你曾經抱怨自己沒有出生在那個年代，否則自己也可以成為「李曼玉」、「王曼玉」的。可我們為什麼不找找我們與張曼玉共同的特點呢？花樣的年華、青春的氣息、迷人的笑容、健康的身體，我們也有屬於自己的最本色的東西。

本色就是不矯揉造作，不過分修飾，把自己最本真的一面呈現出來。現實生活中的我們往往試圖通過學習和模仿別人來改變自己，讓

自己變得更酷，或者更有所謂的「魅力」，但到最後卻丟掉了自己。因為不管你模仿得如何逼真，終歸是東施效顰。你永遠做的是別人的第二，永遠不會超越別人，反而丟失了自己。

承擔：不計得失的精神意義

▊ 大師如是說

青年之於社會，盡責使其開出新的局面，奮鬥使其造出新的前途。有了這樣的思想，青年們才有真正的出路。退而其次，也需使自己日日進步，否則便會生出許多問題。

——著名思想家、哲學家梁漱溟

勇於承擔，就是在強調個人對他人和社會的責任，每個人都承擔起弘揚社會正氣的責任，人人心中有大愛，又何來個人良知與社會風氣的雙重墮落？

現在有一些人，之所以遇危難不敢上，見急迫就退縮，歸根結蒂是害怕自己吃虧，害怕到頭來自己沒有享受到，好處反倒讓別人占去了。以致患得患失，河流不敢跨越，高山無法踏足，信心失卻，道德泯滅，結果自然是人人苟安。

一個搬運工扛著沉重的包袱向山上走去，看上去，他每一步走得

都很艱難，汗水不斷地從他的額頭上流淌下來，衣服和褲子全都濕透了。在這個搬運工的後面還有一個搬運工，他神態輕鬆，肩上只扛著一個麻袋，步履輕快地向前走著。途中，流了一身汗的搬運工遇到了從一個從山上下來的遊客，這個遊客好奇地看了眼這個辛苦的搬運工，對他說：「後面那個人搬那麼少的東西，而你年紀比他大，怎麼還扛這麼重的東西？你怎麼不讓後面那個後生多扛一些？」搬運工呵呵一笑，說：「後面那個後生已經連續工作一個禮拜了，他每次工作都主動扛最重的包裹，不叫累也不叫苦的。今天原本是他休息，聽說我今天工作，就主動跑來幫我的忙，你說我怎麼好意思讓他那麼辛苦，照理今天不會有許多包裹需要往山上送，但是沒想到今天的任務更繁重，那後生來幫我，但工作還是要自己做，即使有困難，也要自己承擔，要不然，輕鬆的事情搶著做，艱苦的活卻不願做，那就不好了。」這個憨厚的搬運工說完呵呵一笑，繼續朝山上走去。

　　人活在這個世上，是極為艱難不易的事情，正因為這樣，面對選擇，人們更多的是張開雙臂去擁抱那些明亮的、耀眼的、輕鬆的以及簡單的事物，因為這樣做人很舒服，做事很愜意，不用勞心傷神，不用像故事中的搬運工那樣扛著很多沉重的東西艱難地向山上跋涉。

　　他們習慣於隨時拿起，又隨時放下，他們喜歡自己被太陽照耀。而別人只能行走在陰天的雨巷，所以，每次遇到不光彩的事情都推到別人身上，而有什麼好事都渴望抓在自己手裡。

　　這樣的人，終究成為不了一個有道德的人，因為只有能經受一切困苦的人，才能承擔一切道義責任。

要把絆腳石當作墊腳石

▌ 大師如是說

　　人的生命原潛在著無盡的可能。

　　　　　　　　　　　　　　——著名思想家、哲學家梁漱溟

　　人生之路，一帆風順者少，曲折坎坷者多，成功是由無數次的挫折堆積而成的。但挫折和失敗對人畢竟是一種「負性刺激」，總會使人不愉快、沮喪、自卑。因此，如何面對挫折、如何自我解脫就成了戰勝脆弱、走向成功的關鍵。面對人生的逆境，要時刻牢記「逆境時還要往上爬，要把絆腳石當作墊腳石！」

　　一個屢屢失意的年輕人千里迢迢來到普濟寺，慕名尋到老僧釋圓，沮喪地問：「像我這樣屢屢失意的人，苟且活著，有什麼意義呢？」老僧釋圓靜靜地聽這位年輕人歎息和絮叨，什麼也不說，只是吩咐小和尚：「施主遠道而來，燒一壺溫水送過來。」少頃，小和尚送來一壺溫水，釋圓老僧抓了一把茶葉放進杯子裡，然後用溫水沏了，放在年輕人面前的茶几上，微微一笑說：「施主，請用茶！」年

輕人俯身看看杯子，只見杯子裡微微地飄出幾縷水氣，那些茶葉靜靜地浮著。年輕人不解地詢問釋圓：「貴寺怎麼用溫水沖茶？」釋圓微笑不語，只是示意年輕人說：「施主，請用茶吧。」年輕人只好端起杯子，輕輕呷了兩口。釋圓說：「請問施主，這茶可香？」年輕人搖搖頭說：「這是什麼茶？一點茶香也沒有呀。」釋圓笑笑說：「這是福建的名茶鐵觀音啊，怎麼會沒有茶香？」年輕人聽說是上乘的鐵觀音，又忙端起杯子呷兩口，再細細品味，還是放下杯子說：「真的沒有一絲茶香。」老僧釋圓微微一笑，吩咐門外的小和尚：「再燒一壺沸水送過來。」少頃，小和尚便提來一壺吐著濃濃白氣的沸水，釋圓起身，又沏了一杯茶，年輕人俯身去看杯子裡的茶葉，只見那些茶葉在杯子裡上上下下地沉浮，隨著茶葉的沉浮，一絲清香便從杯裡嫋嫋地逸出來。聞著那清清的茶香，年輕人不禁去端那杯子，釋圓忙微微一笑說：「施主請稍候。」說著便提起水壺朝杯子裡又注了一縷沸水。年輕人見那些茶葉上上下下，沉沉浮浮得更厲害了，同時，一縷更醇更醉人的茶香嫋嫋地升騰出杯子，在禪房裡彌漫。釋圓如是注了五次水，杯子終於滿了，那綠綠的一杯茶水，沁得滿屋津津生香。釋圓笑著問道：「施主可知道同是鐵觀音，為什麼茶味迥異嗎？」年輕人思忖說：「一杯用溫水沖沏，一杯用沸水沖沏，用水不同吧。」釋圓笑道：「用水不同，則茶葉的沉浮就不同。茶葉的沉浮不同，所經受的歷練也就不同，自然也就沖沏出了不同的味道。」

用溫水沏的茶，茶葉就輕輕地浮在水之上，沒有沉浮，茶葉怎麼會散逸它的清香呢？而用沸水沖沏的茶，沖沏了一次又一次，浮了又

沉，沉了又浮，沉沉浮浮，茶葉就釋出了它春雨般的清幽、夏陽似的熾烈、秋風似的醇厚、冬霜似的清冽。

　　世間芸芸眾生，又何嘗不是茶呢？那些不經風雨的人，平平靜靜地生活，就像溫水沏的淡茶平靜地懸浮著，彌漫不出生命和智慧的清香。而那些櫛風沐雨、飽經滄桑的人，坎坷和不幸一次又一次襲擊他們，他們就像被沸水沏了一次又一次的茶，在風風雨雨的歲月中沉沉浮浮，溢出了他們生命的一脈脈清香。

人生如戲，全情投入

▍ 大師如是說

這個世界是給我們活動的大舞臺，我們既上了臺，便應該老著臉皮，拼著頭皮，大著膽子，干將起來。那些縮進後臺去靜坐的人都是懦夫，那些袖著雙手只會看戲的人，也都是懦夫。這個世界豈是給我們靜坐旁觀的嗎？

——著名學者胡適

我們每個人的人生起點和終點在表面看來並無差別，但有的人在即將告別人世時面對的是一張白紙，而有的人面對的是一幅色彩斑斕的圖畫。當走到人生盡頭、回首人生過往的時候，只要你能夠無悔於自己的生命，你就可以欣慰地和自己的生命告別了。

懂得人生意義的人往往不喜歡平庸的生活，而有膽量去嘗試一些困難的、冒險的，但卻有內容、有意義的生活。當困難被克服了，險境過去了，才會品嘗到人生的真味，才會真正懂得人生的苦樂。

人生是旅途，也許終點和起點會重合，但我們如果一開始就站在起點等待人生的完結，那人生就會一片蒼白，其中沒有美麗的風景和

令人難忘的過往。當我們告別人生的時候，也不知道生命的色彩和意義。人生如一齣戲，重要的不是長度，而是表演得是否出色。

　　在某一城市一家醫院的同一間病房裡，住著兩位絕症患者。不同的是，一個來自鄉下農村，一個生活在城市。生活在城市的病人，每天都有親朋好友和同事前來探望。家人前來時寬慰說：「家裡你就放心吧，還有我們呢，你就安心養病吧。」朋友探望時勸慰說：「現在你什麼也別想，就一門心思養病就行。」公司來人時開導說：「你放心，公司上的事，我們都替你安排好了，你現在的工作就是養病……」

　　來自鄉下農村的患者，只有一位十四五歲的小女孩守護著。他的妻子半個月才能來一次。或送錢，或送些衣物。妻子每次來，總是不停地說這說那，要丈夫為家裡的事情拿主意：「快要春種了，今年是種西瓜還是茄子？再過兩天，他大叔就要嫁女了，你說送多少賀禮啊？女兒說要跟她表姐去大城市打工，我還沒答應，這事要你拿主意……」

　　幾個月後，情況發生了戲劇性的變化。城市的那位病人在親人、朋友、同事一聲聲「你放心吧」、「你就安心養病吧」的寬慰聲裡，意識中感覺他們已不再需要自己，自己也就失去了活著的價值意義，漸漸地失去了戰勝病魔的信心和勇氣，於是在孤獨寂寞與病魔的吞噬中一點點地死去。來自鄉下農村的患者，在妻子大事小事都要自己定奪、拿主意中，意識到自己對家人的重要，意識到自己必須活著，哪

怕僅僅是給家人拿些主意，於是一種強烈的求生欲望使他奇跡般地活了下來。

　　英國思想家霍布斯說過：「和其它所有的東西一樣，一個人是否舉足輕重，在於他自身的價值；也就是說，在於他能發揮多大的作用。」如果一個人只是為了自己享受生活，人生就不會有太大的拼搏激情。

　　很多父母為了孩子而奔波勞碌，甚至樂此不疲。如果有一天，他們的子女告訴父母，已經不需要他們了，他們必定會失去方向，而變得無所適從。總之，被別人需要，是人的一種天性，也能體現出一個人的價值。在某些特定情況下，一個人如果不被別人需要，生存也就失去了意義。

第三課

出入房間是清風，

與我對飲有明月

——幸福就在轉念間

換種心態，讓幸福光臨

▌大師如是說

幸福是一種感覺。不依賴懾人的權勢，不依賴過人的財富，不依賴超人的才華，依賴的是一顆平常心。常懷一顆笑對人生冷暖的平常心，就有圓融豐滿的喜悅常相伴隨。幸福似穿鞋，鬆緊自明；幸福如喝水，冷暖自知。如果說快樂是生理的，那麼幸福是精神的。幸福就是用生活的苦澀，釀造人生的甜酒。

——著名學者南懷瑾

什麼是幸福？法國小說家方登納在《幸福論》中所做的定義是：「幸福是人們希望永久不變的一種境界。」也就是說，如果我們的肉體與精神所處的一種境界，「我願一切都如此永存下去」，或浮士德對「瞬間」所說的，「喲！留著吧，你，你是如此美妙」，那麼我們無疑是幸福的。

幸福，有時需要我們換種心態來體味。

一個人一直抱怨沒有鞋穿，見到沒有腳的人之後，他因自己的健全而體味到了幸福。

一個失戀者被痛苦折磨得死去活來，他恨命運不濟、造物不仁，讓自己變為孤獨而又畸形的人，當他見到一個失去雙臂的人用腳寫字、縫衣服的時候，突然覺悟到丟失一位心上人比起丟失雙臂來實在微不足道，雖失掉了心靈攬繫，終究還能重新振作起精神，飽嘗青春之甘美、沐浴生命之恩澤。他從振作精神中體味到了幸福。

　　人最難能可貴的是明白自己追求的是什麼，付出的是什麼，從而正確地作出自己的選擇，快樂地享受自己的幸福。

　　從前，有一個公主總覺得自己不幸福，就向別人請教如何能夠讓自己變得幸福。別人告訴她找到一個感覺幸福的人，然後將他的襯衫帶回來。公主聽完派自己的手下四處尋找自認幸福的人。得到的回答總是：不幸福，我沒錢；不幸福，我沒親人；不幸福，我得不到愛情……就在她們不再抱任何希望時，從對面被陽光照著的山岡上，傳來了悠揚的歌聲，歌聲中充滿了快樂。她們隨著歌聲走了過去，只見一個人躺在山坡上，沐浴在金色的暖陽下。

　　「你感到幸福嗎？」公主的手下問。

　　「是的，我感到很幸福。」那個人回答說。

　　「你的所有願望都能實現，你從不為明天發愁嗎？」

　　「是的。你看，陽光溫暖極了，風兒和煦極了，我肚子又不餓，口又不渴，天是這麼藍，地是這麼闊，我躺在這裡，除了你們，沒有人來打擾我，我有什麼不幸福的呢？」

「你真是個幸福的人。請將你的襯衫送給我們的公主，公主會重賞你的。」

「襯衫是什麼東西？我從來沒見過。」

幸福是一種心態、一種自我感受，就像上面故事中的那個躺在山坡上的人，他連襯衫都沒見過，可以說在物質上他很貧困，可是他依然感到很幸福。

在現實生活中，有的人物質生活優越，但是卻不一定有幸福，更重要的是就算有幸福存在他也感受不到。

放棄自己的追求，跟隨別人的足跡，就會偏離自己人生的軌道。我們可以追求金錢，但是幸福生活的標準本身並不是由那些富人們定出的。錢本身並沒有錯，錯的是我們的態度。也許我們終生都不能夠大富大貴，但這並不意味著我們在平凡普通的生活中找不到幸福，找不到健康的身體、充滿活力的心、相親相愛的家人和志同道合的朋友。

懂得轉身，懂得放下，我們會發現，原來幸福就在我們的身邊，不曾走遠。

解除對你痛苦之身的認同

■ 大師如是說

　　遭遇的難處太多，便覺得自己成了天下第一號苦人，這樣想難免心力交瘁，好比鑽進了深淵裡，再怎麼努力，也見不到光明。越是如此便越是沉淪下去。

——著名學者胡適

　　生活裡有著許許多多美好的事物、許許多多的快樂，關鍵在於我們能不能發現。而要發現它，關鍵在自己。可見，生活得快不快樂，幸不幸福，全在自己對生活的態度和理解。一切的美好都在我們心裡。當你跋山涉水尋找幸福時，為什麼不去自己心裡找一找？

　　在一個偏僻的村落裡，有一位歷盡滄桑的老人，她幾乎經歷了一個女人所能遭遇的一切不幸。然而她卻用一顆滿盛著希望的心靈演繹了一個幸福美麗的人生。十八歲時，她嫁給了鄰村的一個生意人，可剛結婚不久，丈夫外出做生意，便一去不回。有人說他死在了響馬的槍下，有人說他病死他鄉了，還有傳說他被一家有錢人招了做養老女

婿。當時，她已經懷了孩子。幾年以後，村裡人都勸她改嫁。沒有了男人，孩子又小，這寡居的生活到什麼時候是個頭？她說丈夫生死不明，也許在很遠的地方做了大生意，沒準哪一天發了大財就回來了。她被這個念頭支撐著，帶著兒子頑強地生活著。

在她兒子十七歲那一年，一支部隊從村裡經過，她的兒子跟部隊走了。兒子說，他到外面去尋找父親。不料兒子走後又是音信全無。有人告訴她說她兒子在一次戰役中戰死了，她不信，一個大活人怎麼能說死就死呢？她甚至想，兒子不僅沒有死，等打完仗，天下太平了，就會衣錦還鄉。她還想，也許兒子已經娶了媳婦，給她生了孫子，回來的時候是一家子人了。儘管兒子依然杳無音信，但這個想像給了她無窮的希望。她是一個小腳女人，不能下田種地，她就做繡花線的小生意，勤奮地奔走四鄉，積累錢財。她告訴人們，她要掙些錢把房子翻蓋一下，等丈夫和兒子回來的時候住。

有一年她得了大病，醫生已經判了她死刑，但她最後竟奇蹟般地活了過來。她說，她不能死，她死了，兒子回來到哪裡找家呢？這位老人一直在村裡健康地生活著，過了百歲的年齡，她依然做著她的繡花線生意，她天天算著，她的兒子生了孫子，她的孫子也該生孩子了。這樣想著的時候，她那布滿皺紋與滄桑的臉上，即刻會容光煥發。

幸福來自一顆樂觀豁達的心，故事中的老人雖然並沒有主動意識到自己是個幸福的人，但是在外人看來，這樣一個心懷希望，無論自

己面臨多麼惡劣的環境，都能夠對未來有無限美好的想像的人，早已獲得了最大的幸福。

希望能夠使我們淡忘自己的痛苦，為我們汲取繼續走向成功的力量。每天給自己一個希望，我們就能夠充滿勇氣地面對自己的生活，而不是將時間花費在無盡的悲哀和苦悶上。

不是不幸福，只因不單純

> 人生快樂就在生活本身上。就在活動上，而不在有所享受於外。
>
> ——著名思想家、哲學家梁漱溟

在人的一生中，會有許多追求和憧憬。追求真理，追求理想的生活，追求刻骨銘心的愛情，追求金錢，追求名譽和地位。有追求就會有收穫，我們會在不知不覺中擁有很多，有些是我們必需的，而有些卻是完全用不著的。那些用不著的東西，除了滿足我們的虛榮心外，最大的可能就是成為我們的負擔。

六十二歲的蘇軾被朝廷貶到海南時，天空正下著綿綿細雨，斜風吹打在身上，透出一絲淒涼。雖然居陋室，食粗飯，但蘇軾並不以之為苦，倒是經常和當地士紳百姓共敘桑麻樂事。他也不以文豪自居，入鄉隨俗，身披當地衣冠，走街串巷，享受難得的快慰。

一次，蘇軾來到一座山頭，惹來一個黎山樵夫的善意笑聲。雖然

語言不通，但樵夫也看得出，他是一個身居山林的貴人，出於對他的好感，慷慨地送了一匹布，好讓他抵禦寒冷的海風。

蘇軾和周圍的鄰居關係也非常融洽，左鄰右舍常送飯食給他。當人們聽他說起往事的時候，蘇軾的臉上總是樂呵呵的，並沒有傷感悵然之色，笑稱「昔日富貴，一場春夢」。

而事實上，蘇東坡在海南的謫居生活是十分困頓的。嶺南天氣卑濕，地氣蒸溽，而海南為甚，這對於年老的蘇東坡，無疑是難以適應的。但是蘇軾去世前自題畫像卻將貶官黃州、惠州、儋州看成是自己的平生功業。

正所謂大道至簡。弘一法師曾在他的著作中屢次提到在修習佛法的過程中，看到簡易的話語切不可以為佛法就是如此簡易好學。因為簡單的話語有可能包含著十分深刻的道理，千萬不要輕視簡單的力量。

其實，大凡簡單而執著的人常有充實的人生。一個人若時常追求複雜而奢侈的生活，苦難則沒有盡頭，不僅貪欲無度，煩惱纏身，而且日夜不寧，心無快樂。因為複雜往往浪費了寶貴的時間；奢侈極有可能斷送美好的人生。反而因為簡潔，每每能找到生活的快樂；因為執著，時時能感覺沒有虛度每一天。平凡是人生的主旋律，簡潔則是生活的真諦。

從容是一種生活態度

灑脫不是無所事事、不思進取，也不是看破紅塵、心灰意冷，更不是聲色犬馬、紙醉金迷。灑脫是一種世事洞明的豁達，一種淡泊名利的超脫，一種有所為有所不為的風度。灑脫不是放棄，而是放下，放下不切實際的幻想，放下無法更改的過去，行雲流水，任其所之。

——著名學者南懷瑾

波姬兒只有一隻眼睛，還布滿傷痕，只能奮力通過眼睛左邊的一小部分看東西。小時候，她渴望和小朋友做遊戲，但苦於看不清地上畫的線。當別的孩子回家後，她趴在地上認準畫好的線，等下次再和小夥伴玩。她在家裡看書，把印著大字的書靠近她的臉，眼睫毛都碰到書頁上了。經過努力，她得到了兩個學位：先在明尼蘇達州立大學得到學士學位，後來在哥倫比亞大學得到碩士學位。她開始教書的時候，是在明尼蘇達州雙谷的一個小村子裡，然後又到南德可塔州奧格塔那學院，成為新聞學和文學教授。她在那裡教了十三年，也在很多婦女俱樂部發表演說，還在電臺主持談書本和作者的節目。一九四三年，波姬兒已是五十二歲的老婦，奇跡出現了！著名的美友醫院為她

動了一次成功的手術，她看得見了！一個嶄新的、令人興奮的可愛世界呈現在她眼前。她甚至在廚房水槽洗碗的時候，都會有戰慄的感覺。「我開始玩著洗碗盆裡的肥皂泡沫，」她寫道，「我把手伸進去，抓起一大把小小的肥皂泡沫，我把它們迎著光舉起來。在每一個肥皂泡沫裡，我都能看到一道小小彩虹閃出來的明亮色彩。」

對於我們來說，能看到自己平凡的幸福就是一種莫大的快樂，這樣才會更加懂得珍惜自己所擁有的一切，如同波姬兒所經歷的一樣，她告訴我們，一切的悲苦終將有結束的一天，接受生活帶給我們的一切，這樣生活就自然會美妙起來，有一天，你就會不經意地獲得更多的幸福。就像下面故事中的老人一樣。

一個老人在池塘中種了一片蓮花，蓮花盛開的時候，引來眾人駐足，嘖嘖稱讚。突然一夜狂風暴雨，第二天池塘裡的蓮花不再，留下一片狼藉，慘不忍睹。圍觀的人們紛紛感歎，無比惋惜。有好心人安慰老人，說：「天公不作美，沒有體恤你種植的辛苦，你真是太可憐了。」老人卻寬心一笑，說：「這沒什麼遺憾，更談不上可憐，我種蓮花是為了種植的樂趣，樂趣我早已得到，而蓮花的衰敗是遲早的，何必為此感傷呢？」眾人聞言無語。

是啊，做人需要幾分淡泊平凡，只有如此才能豁達地面對人生的

得失。坦然地面對生命中的榮辱、得失、進退，是一種境界，是一種從容不迫的生活態度，也是人最可貴的品格。

擁有平凡淡泊之心的人是幸福的，平凡是不慕名利，平凡是遭受挫折時仍有與花相悅的從容；平凡是別人都忙於趨本逐利時仍然保持恬靜。只有淡泊，才可以使你真正享受人生，在努力中體驗歡樂、充實自己。

體會生活細微處的滿足

▌大師如是說

　　人類之足引以自傲者總是極為稀少，而這個世界上所能予人生以滿足者亦屬罕有。

　　　　　　　　　　　　　　　　　──文學家、語言學家林語堂

　　大多數的人都生活在平凡的俗世中，正因如此，幸福的真諦就是發於真性情，做自己喜歡做的事情，由此得到的小小快樂即是幸福。這種幸福簡單而不花哨，真實而不虛浮。看得見摸得著。

　　春秋戰國，天下紛爭，諸侯們每天想的就是如何消滅對方，擴大自己的疆土。一次，齊國撕毀了與魏國的盟約，讓魏國遭受到了很大的損失，為了報仇，魏王決定攻打齊國。就在大軍就要出發之時，當時聞名全國的賢士戴晉人求見魏王，魏王同意了。見到魏王後，戴晉人給魏王講了個故事：「蝸牛長著兩隻觸角。左面的角上有一個國家，稱為觸氏；右面的角上有一個國家，稱為蠻氏。為了爭奪領地，兩國交兵開戰，伏屍數萬，勝者追了十又五天，才收兵回營。」魏王

笑道：「你這個故事很有意思，可是，這與我有什麼關係？」戴晉人說：「這跟大王您有密切的關係，不信的話，我來為你論證一下：以大王來看，四方上下有窮盡嗎？」魏王說：「沒有窮盡。」戴晉人又問：「人的心巡遊過無窮無盡的宇宙之後，返回到人世，可不可以說人世渺小到了可有可無的地步？」魏王說：「對。」戴晉人緊跟著又問：「人世既然渺小到了可有可無的地步，而魏國只是人世間的一個很小的地方，國都又是魏國之中很小的一塊地方，大王又是國都中很小的一個形體，那麼，相對於無窮無盡的宇宙而言，跟蝸牛右角上蠻氏國的國王又有什麼分別呢？」魏王說：「沒有什麼分別。」說完這句話，魏王突然覺得征戰和擴疆都是無聊之舉，交兵爭勝，所得不過蝸牛一角之地，實在沒有多大意義。

照戴晉人的意思說來，國家征戰不過是在一畝三分地上做的小孩遊戲而已，與蒼茫宇宙相比，渺小而不堪用，沒有任何意義，照此說來，人生在世又何嘗不是如此？有人早出晚歸，披星戴月，想要一番作為，這固然不錯，但同時卻又失去了平常生活中的平常樂趣，所謂幸福的滋味也就再也找不回來了。

幸福並不是什麼高不可攀的人生終極理想，也不是某種特權。就像我們垂釣於江河，但見水波漣漣；躺身於綠野，望雲彩之飄搖。幸福亦是如此，很多人以為香車寶馬，美人錦食伴身，談笑有鴻儒，往來無白丁，抑或閒趣於江湖，撫琴弄簫，不亦快哉？這當然是美好而令人羨慕的好事，但我們也看到，這種「欲」過於龐大，讓人不易消

化，人們在追求這些東西的同時，必須放棄一些原本寶貴的東西，比如時間，比如愛好，比如簡單的人際關係。當這些同樣美好的事物逐漸被我們丟棄時候，我們還能體會到生活細微處的滿足與快樂嗎？沒有這些小小的滿足與快樂，幸福又從何而得？

第四課

與世界和解，笑納缺憾

——不完滿才是人生

不完滿才是人生

　　每個人都爭取一個完滿的人生。然而，自古及今，海內海外，一個百分之百完滿的人生是沒有的。所以我說，不完滿才是人生。

　　　　　　　　　　　——東方學大師、北大終身教授季羨林

　　「喜歡月圓的明亮，就要接受它有黑暗與不圓滿的時候；喜歡水果的甜美，也要容許它通過苦澀成長的過程」，人生總是「一半一半」，在人生的樂、成、得、生中，包容不完美，才是真正完整的幸福。

　　人生，永遠都是缺憾的。佛學裡把這個世界叫作「婆娑世界」，意思是能容忍許多缺憾的世界。這個世界本來就是有缺憾的，如果沒有缺憾就不能稱其為「人世間」。在這個缺憾的世間，便有了缺憾的人生。因此蘇軾詞曰：「月有陰晴圓缺，人有悲歡離合，此事古難全。」

　　人生實相，就如一隻飄搖的生命之舟，無所牽繫，卻有各種承載。小船向前行進的時候，苦與樂、愛與恨、善與惡、得與失、成功

與失敗、聰明與愚鈍……紛紛從兩側上船，它們都是生命的必然伴侶。

如此看來，生命是有缺憾的，我們不能只接受幸福的垂青，卻把不和諧的因素完全遮罩。

面對人生缺憾，星雲大師主張該留有餘地，他認為盡善盡美並不是絕對好，這與清人李密庵主張所謂「半」的人生哲學一樣，都在告誡世人不要過度追求圓滿。日本有一派禪宗書道在揮毫潑墨時總留下幾處敗筆，都是意在暗示人生沒有百分之百的圓滿完美。更有日本東照宮的設計者因為自覺太完美，恐怕會遭天譴，故意把其中一支樑柱的雕花顛倒。

「我走過陽關大道，也走過獨木小橋。路旁有深山大澤，也有平坡宜人；有杏花春雨，也有塞北秋風；有山重水複，也有柳暗花明；有迷途知返，也有絕處逢生。」這是已逝的國學大師季羨林對自己人生的總結，他坦承自己的人生並不完美，但正是這種不圓滿才是真正的人生。

這個世界上沒有任何一種事物是十全十美的，或多或少總有瑕疵，所以，一個智者應該明白這個道理：凡事不必苛求，與其追求那如鏡花水月一般不可觸及的完美，不如勤懇務實，才會活得更加快樂。

其實，人生也正是因為有所缺失才會有所獲得，就如同一個殘缺的木桶，雖然每次擔水回家之後你都無法獲得一整桶的水，但是某一

天，當你再次從這條路上經過時，也許會發現路旁各色的小花，嗅到淡淡的花香。一天、一月、一年，從殘缺的木桶中滴落的泉水澆灌了路旁的草子花粒，它們便在這殘缺的遺憾中破土而出，帶給人意外的美麗驚喜。

留一點缺欠才接近完美

▍大師如是說

很多人的人生目的是快樂地活，這本是正確的，但凡事都要照著自己的想法追求，事事都要通融、圓滿，也是不正常的。諸多的不確定性，才是有趣的人生。

——著名哲學家馮友蘭

人生在世，起初誰都希望圓滿：讀書能上理想的學校，念自己喜歡的專業，做自己擅長的工作，娶（嫁）自己中意的人……然而，我們絕大多數人經歷的也許是這樣的生活：上了一個還不錯的學校，學了一個不算討厭的專業，做了一份糊口的工作，和一位還說得過去的人相伴一生。與原來的設定難免會有巨大的懸殊，無論是王侯將相還是販夫走卒，所有人的人生或多或少都會有遺憾。完美永遠只存在於我們的想像中，它是我們的願望，但卻是可望不可及的。

世上難有真正的圓滿，不妨換個角度來看一時的缺陷與失落。臺灣作家劉墉先生寫過這樣一則故事：

他有一個朋友，單身半輩子，快五十歲了，突然結了婚，新娘跟他的年齡差不多，徐娘半老，風韻猶存。只是知道的朋友都竊竊私語：「那女人以前是個演員，嫁了兩任丈夫都離了婚，現在不紅了，由他拾了個剩貨。」話不知道是誰傳到了他朋友耳裡！

有一天，這位朋友跟劉墉出去，一邊開車，一邊笑道：「我這個人，年輕的時候就盼著開奔馳車，沒錢買不起，現在呀！還是買不起，買輛二手車。」他開的確實是輛老車，劉墉左右看著說：「二手？看來很好哇！馬力也足。」

「是啊！」朋友大笑了起來，「舊車有什麼不好？就好像我太太，前面嫁了個四川人，又嫁了個上海人，還在演藝圈二十多年，大大小小的場面見多了，現在，老了，收了心，沒了以前的嬌氣、浮華氣，卻做得一手四川菜、上海菜，又懂得布置家。講句實在話，她真正最完美的時候，反而都被我遇上了。」

「你說得真有道理，」劉墉說，「別人不說，我真看不出來，她竟然是當年的那位豔星。」「是啊！」他拍著方向盤。「其實想想自己，我又完美嗎？我還不是千瘡百孔，有過許多往事、許多荒唐？正因為我們都走過了這些，所以兩個人都成熟，都知道讓，都知道忍，這種『不完美』正是一種『完美』啊！」

「不完美」正是一種「完美」。我們老了，都鏽了，都千瘡百孔，總隔一陣子就去看醫生，來修補我們殘破的身軀，我們又何必要求自己擁有的人、事、物都完美無瑕、沒有缺點呢？

我們每一個人的生命，都被上蒼劃了一個缺欠，雖然這個缺欠並不是你期待的，但是這個缺欠卻如影隨形地跟著你。人生就像是一個殘缺不全的圓，沒有一個人是生活圓滿的，也許正是因為認識到了每個生命都有欠缺，所以我們的人生才因此而更加美麗。

人生當有不足

▌ 大師如是說

　　不圓滿才是人生的真面目，人活著學習、工作，不過是讓各種缺憾盡可能地少一點罷了。

　　　　　　　　　　　　——東方學大師、北大終身教授季羨林

　　世界並不完美，人生當有不足。有些遺憾，反倒可以使人清醒，催人奮進。有句話說道：「沒有皺紋的祖母最可怕。」那麼，沒有缺憾的生命便無法連結人生。

　　世人皆期望有一個美麗而完美的人生，然而事與願違，你愈苛求完美，愈得不償失。

　　一個靈魂對老天爺說：「您給我一個最好的形象，我將永遠崇拜您。」

　　老天爺仁慈地回答：「好，你準備做人吧！這是世界上最好的形象。」

靈魂問，「做人有風險嗎？」

「有，鉤心鬥角、殘殺、誹謗、夭折、瘟疫⋯⋯」

「另換一個吧！」

「那就做馬吧！」

「做馬有風險嗎？」

「有，受鞭笞、被宰殺⋯⋯」

「唉，請再換一個吧！」

「老虎？」

「老虎！」靈魂樂了。「老虎是獸中之王，他一定沒風險。」

「不，老虎也有風險，有時被人獵殺，有一種小獸是它的剋星⋯⋯」

「啊，老天爺，我不想當動物了，植物總可以吧！」

「植物也有風險，樹要遭砍伐，有毒的草被製成藥物，無毒的草人獸食之⋯⋯」

「啊⋯⋯恕我斗膽，看來只有您老天爺沒風險了，讓我留在你身邊吧⋯⋯」

老天爺哼了一聲：「我也有風險，人世間難免有冤情，我也難免

被人責問，時時不安……」說著，老天爺順手扯過一張鼠皮，包裹了這個靈魂，推下界來：「去吧，你做它正合適。」

其實人生當有不足才是一種「圓滿」，因為不完美才讓人們有盼頭、有希望。古人常說的「人生不如意事十之八九，聰明的人常想一二」就是這個道理。

莎士比亞說：「聰明的人永遠不會坐在那裡為他們的損失而悲傷，卻會很高興地去找出辦法來彌補他們的創傷。」如果你做了還感到不好，改了還感到不快，考了九十九分還嫌不是一百分，刻意追求完美，這樣會讓你的人生疲憊不堪。

任何事物都有缺陷與不足，也有長處與優勢。要學會利用自己的長處，彌補甚至超越不足。湯瑪斯‧傑弗遜就是懂得這個道理的人。

著名的音樂家湯瑪斯‧傑弗遜其貌不揚，他在向他的妻子瑪莎求婚時，還有兩位情敵也在追求瑪莎。一個星期天，傑弗遜的兩個情敵在瑪莎的家門口碰上了，於是，他們準備聯合起來，羞辱傑弗遜。可是，這時門裡傳來優美的小提琴聲，還有一個甜美的聲音在伴唱。如水的樂曲在房屋周圍流淌著，兩個情敵此時竟然沒有勇氣去推瑪莎家的門，他們心照不宣地走了，再也沒有回來過。

傑弗遜並不完美，也不出眾，但是他用他的音樂才華打敗了兩個情敵。生活中，對自己的缺陷和弱點，不同的人會採取不同的辦法，傑弗遜是小提琴，我們呢？其實我們都有發現自己優點的武器。

人不總是十全十美的。對於每個人來講，不完美是客觀存在的，無需怨天尤人，在羨慕別人的同時，不妨想想，怎樣才能走出誤區。或用善良美化，或用知識充實，或用自己一技之長發展自己……生命的可貴之處，在於能坦然面對自己的不足之處。

苛求生活，徒增煩惱

把握原則，不求至善盡美。

——著名學者南懷瑾

很多人都希望按照自己的想法來設計人生，在他們的心目中，總是渴望一種完美的生活狀態。可是人生並沒有完美可言，理想世界只會在童話中出現。如果我們不能接納生活中的不完美，而一味地苛求生活，那麼到頭來只是自尋煩惱。

在印度佛教的《百喻經》中，有這樣一則可笑而發人深省的故事。

有一位先生娶了一個體態婀娜、面貌娟秀的太太，兩人恩恩愛愛，是人人稱羨的神仙美眷。太太眉清目秀，性情溫和，美中不足的是長了個酒糟鼻子，好像失職的藝術家，對於一件原本足以稱傲於世間的藝術精品，少雕刻了幾刀，顯得非常地突兀怪異。

這位丈夫對於太太的鼻子終日耿耿於懷。一日出外去經商，行經販賣奴隸的市場，寬闊的廣場上，四周人聲沸騰，爭相吆喝出價，搶購奴隸。廣場中央站了一個身材單薄、瘦小清秀的女孩子，正以一雙汪汪的淚眼怯生生地環顧著這群決定她一生命運的大男人。

這位丈夫仔細端詳女孩子的容貌，突然間，他被深深地吸引住了。好極了！這個女孩子的臉上長著一個端端正正的鼻子！

這位丈夫以高價買下了長著端正鼻子的女孩子，興高采烈帶著女孩子日夜兼程趕回家，想給心愛的妻子一個驚喜。到了家中，把女孩子安頓好之後，他用刀子割下女孩子漂亮的鼻子，拿著血淋淋而溫熱的鼻子，大聲疾呼：「太太！快出來！看我給你買回來最寶貴的禮物！」「什麼樣貴重的禮物，讓你如此大呼小叫的？」太太狐疑不解地應聲走出來。

「你看！我為你買了個端正美麗的鼻子，你戴上看看。」

丈夫說完，突然抽出懷中鋒銳的利刃，一刀朝太太的酒糟鼻子砍去。霎時太太的鼻樑血流如注，酒糟鼻子掉落在地上，丈夫趕忙用雙手把端正的鼻子嵌貼在傷口處。但是無論丈夫如何努力，那個漂亮的鼻子始終無法黏在妻子的鼻樑上。

可憐的妻子，既得不到丈夫苦心買回來的端正而美麗的鼻子，又失掉了自己那雖然醜陋但是貨真價實的酒糟鼻子，並且還受到無端的刀刃創痛。而那位糊塗丈夫的愚昧無知，更叫人可憐！

每個人都會覺得丈夫的行為是可笑的，但是人們追求完美的心理，卻與文中那個手拿利刃的丈夫如出一轍。有些人以為自己追求完美的心理是積極向上的表現，這種心理是可悲的，因為他們所追求的完美，是根本不存在的。他們的追求猶如海市蜃樓，只是一個幻影而已。

　　俗話說：「金無足赤，人無完人。」人生確實有許多不完美之處，每個人都會有這樣那樣的缺憾，即使是中國古代的四大美女，也有各自的不足之處。歷史記載，西施的腳大，王昭君雙肩瘦削，貂蟬的耳垂太小，楊貴妃還患有狐臭。道理雖然淺顯，可當我們真正面對自己的缺陷、生活中不盡如人意之處時，卻又總感到懊惱、煩躁，不知應該如何應對。

　　其實，面對生活，只要我們不用完美的心態去苛求它、設計它，那麼我們自然就會減少很多的煩惱和憂傷，那些不完美也不會讓我們感到失望。

與其挑剔別人不如充實自己

▌ 大師如是說

這個有缺陷的婆婆世界非常難堪忍，沒有一樣事情是圓滿的，而這個世界上的一切眾生堪忍，受得了。所以這個世界叫作婆婆世界，是堪忍的世界。也因為如此，這個婆婆世界上的眾生，才最能夠成佛。

——著名學者南懷瑾

《尚書・伊訓》中有「與人不求備，檢身若不及」的話，是說我們與人相處的時候，不求全責備，檢查約束自己的時候，也許還不如別人。要求別人怎麼去做的時候，應該先問一下自己能否做到。推己及人，嚴於律己，寬以待人，才能團結能夠團結的人，共同做好工作。一味地苛求挑剔別人，反而做不好事情。

他是一位咖啡愛好者，立志將來要開一家咖啡館。閒暇時間，他到處喝咖啡。除了品嘗不同的咖啡之外，也看看咖啡館的裝修。有一次，他約一位朋友喝咖啡。帶著朝聖的心情，朋友跟他去了一趟咖啡

館。很不巧，他對那家咖啡館似乎沒有什麼好感。朋友問他：「怎麼樣，這家店的咖啡口味還不錯吧？」他淡淡地說：「沒什麼！」朋友繼續問：「店面的裝修呢？」他還是回答：「沒什麼！」以後的日子裡，朋友陸陸續續跟他到過不同的咖啡館，品嘗不同口味的咖啡，「沒什麼」彷彿是他的口頭禪，對所有去過的咖啡館，他的評價都是「沒什麼」，而且帶著有點兒不屑的語氣。朋友心想：大概是他的品位太高了，這些咖啡館提供的飲料及氣氛都不合他的心意。

另外，有一位對西點蛋糕有興趣的女孩。從前，她也常說：「沒什麼！」她不但愛吃西點蛋糕，還利用閒置時間拜師學藝，到專業的老師那兒上課，學做西點蛋糕。剛開始學習的那段日子，她不論到哪裡，吃到什麼西點蛋糕，都會給對方「五星級」的評價：「沒什麼！」標準之嚴苛，讓大家覺得她挑剔得過火。過了半年，當她從西點蛋糕初學班結業之後，態度有了一百八十度大轉變，無論在哪裡，品嘗過誰做的西點蛋糕，她都很認真地研究裡面的配方，用什麼材料、多少比例、烘焙的步驟。如果做西點蛋糕的師傅在場，她還會很好奇地向對方討教、研究成功的關鍵技巧。朋友笑著對她說：「你變了。從前是說『沒什麼』現在是問『有什麼』。」「沒錯，沒錯，其實每一件事情一定都『有什麼』，差別只在於你有沒有觀察到它『有什麼』而已。」

挑剔是人們的普遍心理，人們總感到這也不好，那也不如意，卻又沒有比別人更好的辦法來改進。如果放下對別人嚴苛的審視目光，

改為通過各種途徑來充實自己，做一個從「沒什麼」到「有什麼」的轉變，你會從別人身上發現很多值得稱道的東西。

沙子與珍珠的最大區別就是沙子落下便無法再被拾起，而珍珠無論在哪裡都是明亮耀眼的，要做沙子還是珍珠，全在於你自己。

放棄對生活的過分挑剔，才能讓自己獲得更加進步的空間，有時候，與其挑剔別人不如先充實自己。

第五課

一切煩惱，出心造，源心受

——提放自如不起煩惱

得失平常，拿得起更要放得下

▌大師如是說

知足常足，終身不辱。知止常止，終身不恥。

——藝術家、教育家、思想家李叔同

放下是一種覺悟，更是一種自由。如果不懂得放下的藝術，我們就會成為背負重擔、蹣跚行走於人生道路的「苦行者」。

上海阜康錢莊的擠兌風潮波及了杭州，正當胡雪巖全力調動、苦撐場面的時候，傳來了寧波的兩家錢莊倒閉關門的消息。寧波的這兩家錢莊，都是胡雪巖名下的。擠兌風潮出現的時候，杭州阜康的檔手趕緊去了寧波，希望能夠從那兩家錢莊調出一些銀子來應急。可是，寧波的錢莊深受市面的影響，資金周轉不靈，自身難保，不得不申請倒閉。寧波海關在查封倒閉的錢莊時，給浙江發了電報，希望東家去做善後處理。

浙江藩臺德馨接到電報以後，心情十分沉重。他是胡雪巖的朋

友，兩個人的交情不錯，眼見胡雪巖出事，他不能坐視不管。所以，他趕緊讓他的姨太太趕往胡雪巖家，傳話說如果二十萬兩銀子能夠挽救寧波的兩家錢莊，他願意無條件幫忙。胡雪巖很感謝德馨的好意，但是他拒絕接受幫助。他說，眼下危機重重，即使是往裡砸銀子，也不過是頭疼醫頭、腳疼醫腳，不能從根本上解決問題。接受了德馨的二十萬兩銀子，等於是寧波的錢莊裂開了一個縫子，雖然現在可能補上了，但是保不准哪一天又有什麼地方裂開了，到時候恐怕是問題沒解決，還要連累德馨。儘管眼見自己一手創立的錢莊倒閉，是一件極其難過的事情，但是胡雪巖情願丟棄不能正常發展的，而保住杭州錢莊的聲譽。

胡雪巖的這種思想，用現代的觀點來解釋，就是收縮戰線，保存可再生力量，以求再戰的戰略部署。生意場上，如果敗局已定，及時考慮收縮戰線，保存有生力量，將損失減到最小，是極其必要的。如果這個時候還不懂得捨棄，那麼精力將沒有辦法集中，遲早會被分散的難題拖垮。

拿得起，更要放得下。在生活中也是一樣，有時候我們付出了很多，一心想要實現一個目標，可是現實的條件沒有辦法實現我們的願望時，就應該及早改變主意，另闢發展方向。如果我們不能及時放棄，就只能在沒有結果的事情上浪費時間。

不過一念間，何必太執著

■ **大師如是說**

因為我是一個知足的人，我並不希冀得到很多，但也不要太少。那是我的一點長處。

——文學家、語言學家林語堂

人們常常執著於某種念頭，時常懷有不到黃河心不死的勁頭，卻往往忽視了生命中的追之不及。

宇宙生命的來源，本來是清虛的。「本來無一物，何處惹塵埃？」既然一切皆為清虛，又何必對什麼事都抓得很牢，執著而不肯放手呢？

有兩個不如意的年輕人，一起去拜望一位禪師：「師父，我們在辦公室被人欺負，太痛苦了，求您開示，我們是不是該辭掉工作？」兩個人一起問。禪師閉著眼睛，隔了半天，吐出五個字：「不過一碗飯。」就揮揮手，示意年輕人退下了。

回到公司，一個人遞上辭呈，回家種田，另一個人卻沒動。日子真快，轉眼十年過去。回家種田的，以現代方法經營，加上品種改良，居然成了農業專家。另一個留在公司裡的，也不差，他忍著氣、努力學，漸漸受到器重，後來成為經理。

有一天兩個人相遇了。

「奇怪！師父給我們同樣『不過一碗飯』這五個字，我一聽就懂了，不過一碗飯嘛！日子有什麼難過？何必硬留在公司？所以辭職。」農業專家問另一個人：「你當時為什麼沒聽師父的話呢？」

「我聽了啊！」那經理笑道：「師父說『不過一碗飯』，多受氣、多受累，我只要想『不過為了混碗飯吃』，老闆說什麼是什麼，少賭氣、少計較，就成了！師父不是這個意思嗎？」

兩個人又去拜望禪師，禪師已經很老了，仍然閉著眼睛，隔半天，答了五個字：「不過一念間。」然後，揮揮手……

對於人來說，沒有一樣東西是可以完完全全、真真正正抓住的，無論是物，還是人，因此不必斤斤計較，刻意追逐。有人問南懷瑾先生：「怎樣布施才不算過分貪心盈利集財？」南先生精闢地回答：「地球都是你的，為什麼不布施？」對於不生不滅的生命本源，要把握得住，要認識得透徹，才能夠善始善終。「不知常，妄作凶」，醉生夢死，碌碌無為，終將痛苦離去。想要抓住一切，往往什麼都抓不住。

人亦如此，較之物類更是固執。有些人總喜歡給自己加上負荷，輕易不肯放下，自謂「執著」。執著於名與利，執著於痛苦的愛，執著於幻美的夢，執著於空想的追求。數年光華逝去，才嗟歎人生的無為與空虛。

　　我們總是固執地由「我想做什麼」到「我一定要做到什麼」，理想與追求反而成為一種負擔。冥冥之中有人舉著鞭子驅使著我們去追趕，我們能得到什麼？夸父始終也沒能追上太陽的東升西落。

　　放下是一種智慧。或許有另一扇窗戶開著，蜜蜂掉頭就能飛出去。外面是自由的天、自由的地、自由的空氣和自由的心。

淡看名利，得大自在

■ 大師如是說

有許多事物，有些人視同瑰寶，有些人視同糞土。有些人求之不得，有些人，雖有人送他，他亦不要。

——著名哲學家馮友蘭

人生的境界有高有低，境界高者像一面鏡子，時刻自我觀照，不斷自省，又像一支蠟燭，燃燒自己，澤被四方，更像一個皮箱，提放自如，得大自在。世事變幻，風雲莫測，緣起緣滅，眾生在歲月的洪流中漸行漸遠，一路鮮花爛漫鳥語蟲鳴，也仍舊不能湮沒斗轉星移、滄海桑田的無常。承擔與放下都非易事，都需要勇氣與魄力，而做到提放自如，淡然處之，更非常人所能達到。

一天，山前來了兩個陌生人，年長的仰頭看看山，問路旁的一塊石頭：「石頭，這就是世上最高的山嗎？」「大概是的。」石頭懶懶地答道。年長的沒再說什麼，就開始往上爬。年輕的對石頭笑了笑，問：「等我回來，你想要我給你帶什麼？」石頭一愣，看著年輕人，

說：「如果你真的到了山頂，就把那一時刻你最不想要的東西給我，就行了。」年輕人感到很奇怪，但也沒多問，就跟著年長的往上爬去。斗轉星移，不知又過了多久，年輕人孤獨地走下山來。石頭連忙問：「你們到山頂了嗎？」「是的。」「另一個人呢？」「他，永遠不會回來了。」石頭一驚，問：「為什麼？」「唉，對於一個登山者來說，一生最大的願望就是戰勝世上最高的山峰，當他的願望真的實現了，也就沒了人生的目標，這就好比一匹好馬折斷了腿，活著與死了，已經沒有什麼區別了。」「他……」「他自山崖上跳下去了。」「那你呢？」「我本來也要一起跳下去，但我猛然想起答應過你，把我在山頂上最不想要的東西給你，看來，那就是我的生命。」「那你就來陪我吧！」石頭說。年輕人在路旁搭了個草房，住了下來。人在山旁，日子過得雖然逍遙自在，卻如白開水般沒有味道。年輕人總愛默默地看著山，在紙上胡亂抹著。久而久之，紙上的線條漸漸清晰了，輪廓也明朗了。後來，年輕人成了一個畫家，繪畫界讚揚他是一顆冉冉升起的耀眼新星。接著，年輕人又開始寫作，不久，他就以他的文章回歸自然的清秀雋永一舉成名。許多年過去了，昔日的年輕人已經成了老人，當他對著石頭回想往事的時候，他覺得畫畫寫作其實沒有什麼兩樣。最後，他明白了一個道理：其實，更高的山並不在人的身旁，而在人的心裡，只有忘我才能超越。

　　故事中從山崖上跳下去的那位登山者，執著地追求著攀登上世界最高峰的榮譽，而一旦願望實現，他卻不能將之放下，再繼續前行，所以他自認為只有絕路可尋；而另一位年輕人之前也有了輕生的念

頭，但因為不能違背對石頭的承諾，所以他才有機會了悟真正的禪機
——世界上更高的山在人的心裡，收放之間，總能不斷得到提升，只
有坦然放下一切名利世俗的牽絆，才能真正提起生命的意義。

　　能夠放下的人，就是有智慧的人，是自在的人，是解脫的人；能
夠提起的人，是有慈悲的人，是負責的人，是奉獻的人。提放自如，
是經歷了大風大浪之後的大徹大悟，是感悟人生的喜樂哀愁之後的身
心空靈，也是一種走到蜿蜒小徑的盡頭之後的豁然開朗，曲徑通幽
處，別有洞天。

人生心態只在於進退適時

學一分退讓，討一分便宜。

——藝術家、教育家、思想家李叔同

如果人生想要更少的遺憾，那麼就要在進退間取捨，有最明確的判斷，在該前進的時候勇敢前行，不畏懼流言蜚語和別人的嘲諷，勇於堅持自己的看法；在後退的時候，不去想往後退自己的成就問題，為了大局的利益而捨棄眼前的短期利益。有這樣豁達的心，保持如此的良好心態，才能在人生的道路上走得更遠。

英國退役軍官邁克‧萊恩，曾是一名探險隊員。一九七六年，他隨英國探險隊成功登上珠穆朗瑪峰。而在下山的路上，卻遇上了狂風大雪。每行一步都極其艱難，最讓他們害怕的是，風雪根本就沒有停下的跡象。這時，他們的食物已為數不多，如果停下來紮營休息，他們很可能在沒有下山之前，就會被餓死；如果繼續前行，大部分路標早已被大雪覆蓋，不僅要走許多彎路，而且，每個隊員身上所帶的增

氧設備及行李等物，會壓得他們喘不過氣來，這樣下去就會步履緩慢，即使不餓死，也會因疲勞而倒下。

在整個探險隊陷入迷茫的時候，邁克·萊恩率先丟棄所有的隨身裝備，只留下不多的食物，輕裝前行。他的這一舉動幾乎遭到所有隊員的反對，他們認為現在離下山最快也要十天時間。這就意味著這十天裡不能紮營休息，還可能因缺氧而使體溫下降，凍壞身體。那樣，他們的生命，將是極其危險的。而對隊友的質疑，邁克·萊恩很堅定地告訴他們：

「我們必須而且只能這樣做，這樣的雪山天氣十天半月都有可能不會好轉，再拖延下去，全部路標都會被掩埋。丟掉重物，就不允許我們再有任何幻想和雜念，只要我們堅定信心，徒手而行可以提高行走速度，也許這樣我們還有生的希望！」

最終隊員們採納了他的意見，一路上相互鼓勵，忍受疲勞和寒冷，不分晝夜前行，結果只用了八天時間，就到達了安全地帶。而惡劣的天氣，正像他所預料的那樣，多日未好轉。

若干年後，倫敦英國國家軍事博物館的工作人員找到邁克·萊恩，請求他贈送任何一件與英國探險隊當年登上珠穆朗瑪峰有關的物品，不料收到的卻是邁克·萊恩因凍壞而被截下的十個腳趾和五個右手指尖。當年的一次正確的放棄，挽救了所有隊員的生命；也是由於這個選擇，他們的登山裝備無一保存下來，而凍壞的指尖和腳趾，卻在醫院截掉後，留在了身邊。這是博物館收到的最奇特而又最珍貴的贈品。

人生就是如此，有良好的判斷才有了正確的道路，如果只是一味地等待，為了身外之物而搭上生命，這是一件多麼得不償失的事情。雖然看似失去了裝備，但是保住了自己的性命，有了重新出發的機會，如果一味等待，那麼只有葬身雪山。

　　不要計較過多我們失去了什麼，要看看得到了什麼，在這個基礎上來進行對人生進退的判斷。相信自己的判斷力，該前進的時候果斷前行，不被周圍嘈雜的聲音所迷惑和動搖；該放棄的時候放棄，放棄不意味著失去，古人說「失之桑榆，收之東隅」，意思就是在某處先有所失，在另一處終有所得。

第六課

隨緣相安，不著意便無負擔

—— 從容生活，獲得自在自信

只看已有的，便是富人

倘若只盯著別人的種種好處，便成了純粹的嫉妒者，我們目下的所有，一點也不比他人的少。

——文學家、思想家魯迅

希臘哲學家克里安德當年雖已八十高齡，但依然非常健壯，有人問他：「誰是世上最富有的人？」克裡安德斬釘截鐵地說：「知足的人。」塞涅卡也說：「如果你不能對現在的一切感到滿足，那麼縱使讓你擁有全世界，你也不會幸福。」

這不禁讓人思考：何為富有？莊子曾告誡人們：「知足者，不以利自累也。」這句話清楚地表明瞭利的欲望讓人深受其害。回顧滄桑歷史，人類始終難以擺脫欲望的糾纏，那些被無窮無盡欲望束縛的人們永遠在失望與掙扎中不得寧靜。

從前有一個青年總是哀歎自己命運不濟，生活多舛，一輩子既發

不了財也求不到一官半職，終日愁眉不展。一天，他在路上偶遇了一個老和尚，看到老和尚一臉的平靜祥和他不由得歎了口氣。

老和尚攔住青年，問他為何歎氣，青年說：「我看到你開心的樣子覺得很羨慕。為什麼我總是有這麼多的煩惱？為何我總是一貧如洗？」

老和尚說：「年輕人，你明明很富有啊！」

青年問：「富有？我除了煩惱什麼也沒有。」

老和尚並沒有急著解釋，而是繼續問他：「那麼，假如有人給你一千兩銀子，換你十年的壽命，你換嗎？」

「當然不換！」

「給你五千兩銀子，換你的健康，你換嗎？」

「還是不換！」

「給你一萬兩銀子，換你的生命，你換嗎？」

「不換！」

老和尚頓時笑了：「年輕人，到現在為止，你至少擁有一萬六千兩銀子，難道你還不夠富有嗎？」

故事中青年的煩惱來自他只看到了自己缺少的東西，卻從未看到

自己所擁有的東西。若能知足，則一切煩惱自會迎刃而解。知足是一種處世態度，當我們都忙於追求、拼搏而迷失方向的時候，知足常樂，這種在平凡中渲染的人生底色所孕育的寧靜與溫馨，對於一路上風雨兼程的我們來說是一個最好的避風港。

所以，做人要知道滿足，要懂得珍惜，不可貪得無厭。其實，每個人出生時都含著一把通向幸福之路的鑰匙，只是你沒有用心去發現自己身上的這把鑰匙，而把眼睛停留在別人的幸福之門處。生活中，我們每個人都擁有一雙勤勞的手，不要把對美好生活的期待寄託在上天的恩賜上，美好的生活應該靠自己勤勞的雙手去創造。

俗話說，知足的人最富足。能夠知足的人，雖臥荒地也如天堂；不知足的人，身處天堂卻猶身處地獄。不知足的人無法看到自己所擁有的，也就無法珍惜，對他們而言，天下沒有一把椅子是舒服的，他也永遠無法看到自己所擁有的青春、能力、經驗、激情、教養、信念……這時候，不滿之心就像是一團熊熊烈火，柴放得越多，燒得越旺；火燒得越旺，人就越有添柴的衝動。於是，人們奔來奔去，忙裡忙外，既無暇休息，也體會不到忙碌的樂趣。擦亮眼睛，看看我們所擁有的財富，如生命、時光、理想、熱情、知識、親情、友誼等，這才是你真正的財富。

想開便是天堂，想不開就是地獄

▋ 大師如是說

放下才能承擔，空才能有。

——著名學者南懷瑾

很多人常常會遇到這樣那樣的失意和困擾，總覺得自己失去了，自己成為世上最痛苦的人。很多時候，我們傷心、痛苦的時候，更多的還是因為我們想不開，把事情看得太過沉重，不能越過自己的內心進而看到光明。

孤兒院裡有一對好朋友，後來都被富裕家庭所收養。後來，其中一位成為成功的商人，四十歲出頭就積纍了足以讓他安享晚年的財富，另一位成為了學校教師，收入不高，覺得自己很失敗。

有一天，他們在寺廟祈福時偶然相遇，於是互相訴說這些年的遭遇。商人去過很多地方，於是他津津有味地訴說周遊列國的趣事，而那位學校教師只是一味地訴說自己的不幸：她是一個如何可憐的亞洲孤兒，又如何被領養到遙遠的瑞士，她覺得自己是如何地孤獨。

隨著她的怨氣越來越重，商人終於忍不住制止了她的敘述：「夠了！你說完了沒有？！你一直在講自己有多麼不幸。你有沒有想過如果你的養父母當初在成百上千個孤兒中挑了別人又會怎樣？」學校教師直視著商人說：「你不知道，我不開心的根源在於……」然後接著描述她所遭遇的不公正待遇。

　　最終，商人說：「我記得自己二十五歲的時候無法忍受周圍的世界，我恨周圍的每一件事，我恨周圍的每一個人，好像所有的人都在和我作對似的。我很傷心無奈，也很沮喪。我那時的想法和你現在的想法一樣，我們都有足夠的理由抱怨。」他越說越激動。「我勸你不要再這樣對待自己了！想一想你有多幸運，你不必像真正的孤兒那樣度過悲慘的一生，實際上你接受了非常好的教育。你負有幫助別人脫離貧困的責任，而不是找一堆自怨自艾的藉口把自己圍起來。只有擺脫了顧影自憐，同時意識到自己究竟有多幸運之後，你才獲得了人生的成功！」

　　商人朋友很清楚地說明他二人都曾在同樣的環境下歷經掙扎，而不同的是他通過清醒的自我選擇，讓自己看到了有利的方面，而不是不利的陰影。有人說：凡牆都是門。即使你面前的牆將你封堵得密不透風，你也依然可以把它視作你的一種出路。

　　不同的心態，對所發生事件的評價是如此不同，它必然會對處理問題的態度產生影響，也會對今後的人生之路產生影響。活著是需要睿智的。如果你不夠睿智，那至少可以豁達。以樂觀、豁達、體諒的

心態看問題，就會看出事物美好的一面；以悲觀、狹隘、苛刻的心態去看問題，你會覺得世界一片灰暗。兩個被關在同一間牢房裡的人，一個透過鐵窗看到的是美麗神秘的星空，一個看到的是地上的垃圾和爛泥，這就是心態的差別。

生於塵世，每個人都不可避免地要經歷苦雨淒風，面對艱難困苦，想開了就是天堂，想不開就是地獄。

對自己說「不要緊」

▋大師如是說

　　有氣度、有見識的人，他雖然從艱苦困難中成長，反而更具有同情心和慷慨好義的胸襟懷抱。因為他懂得人生，知道世情的甘苦。

　　　　　　　　　　　　　　　　　　　　──著名學者南懷瑾

　　生活中，將許多人擊垮的有時並不是那些看似滅頂之災的挑戰，而是一些微不足道、雞毛蒜皮的小事。許多人將自己的時間和精力無休止地消耗在這些雞毛蒜皮的小事之中，最終讓自己一生一事無成。生活要求人們不斷地清點，看忙碌中，哪些是重要的、是必要的，哪些是不重要的或是無須勞神去忙的。我們遇到不如意的事，要學會對自己說「不要緊，沒關係」，會讓我們的生命更有光彩。

　　田麗曾經是一個多愁善感的女孩，面對生活中一些不如意的事常常會覺得孤立無援，然而一位教授的一節課讓她改變了對生活的看法。

這位德高望重的教育學教授說：「我有句三字箴言要奉送各位，它對你們的學習和生活都會有說明，可使人心境平和，這三個字就是『不要緊』。」

田麗領會到那句三字箴言所蘊涵的智慧，在筆記本上端端正正地寫下了「不要緊」三個大字，她決定不讓挫折感和失望破壞自己平和的心情。

後來，她的心態遭遇了考驗。她愛上了英俊瀟灑的周雲。他對她來說很要緊，田麗確信他是自己的白馬王子。

可是有一天晚上，周雲溫柔委婉地對田麗說，他只把她當作普通朋友。田麗感到世界土崩瓦解。那天夜裡田麗在臥室裡哭泣時，覺得記事本上的「不要緊」那幾個字看來很荒唐。「要緊得很，」她喃喃地說，「我愛他，沒有他我就不能活。」

第二天早上田麗從哭泣中醒來再看到這三個字時，就開始分析自己的情況：到底有多要緊？周雲很重要，自己很要緊，我的快樂也很要緊。自己會希望和一個不愛自己的人結婚嗎？

日子一天天地過去，田麗發現沒有周雲自己也可以生活。田麗想將來肯定會有另一個人進入自己的生活，即使沒有，她也仍然能快樂。

幾年後，田麗找到了一個更適合自己的人。在興奮地籌備婚禮的時候，她把「不要緊」這三個字拋到九霄雲外。她不再需要這三個字了，她覺得以後將永遠快樂，她的生命中不會再有挫折和失望了。

婚姻生活和生兒育女不會有挫折失望？這當然不可能。有一天，丈夫和田麗得到一個壞消息：他們投資做生意將所有積蓄全部賠掉了。

　　田麗看到丈夫雙手捧著額頭，感到一陣淒酸，胃像扭作一團似的難受。田麗想起那句三字箴言：「不要緊。」她心裡想：「真的，這一次可真的是要緊！」

　　就在這時候，小兒子用力敲打積木的聲音轉移了田麗的注意力。兒子見媽媽看著他，就停止了敲擊，笑了起來，那副笑容真是無價之寶。田麗把視線越過他的頭望出窗外，有兩個小孩正在興高采烈地合力堆沙堡。旁邊幾棵洋槐樹映襯著無邊無際的晴朗碧空。田麗覺得自己的胃頓時舒展，心情也恢復了平和，她感到自己在微笑。她對丈夫說：「一切都會好起來的，損失的只是金錢，實在『不要緊』。」

　　「不要緊」三個字看似簡單，但是當你真正面對生活中的問題時，便瞭解了這三個字的力量。生命中有很多突發的變故，會給我們的心靈帶來巨大的壓力，很多人會因為這些壓力變得一蹶不振，甚至因此失去生活的勇氣。

　　要知道，每個人的生活都是由無數的小事情組成，如果一個人過多地拘泥、計較小事，那麼他的生活便了無生氣，沒有絲毫樂趣，他觸目所及的必然都是矛盾和衝突。

　　面對人生中的狂風暴雨，如果我們都能夠對自己說一句「不要

緊」，然後平靜地接受它，時刻保持積極的心態，那麼這些人生困難
最終都將過去。

別用過長的尺衡量生活

以人為鑒，明白非常，是使人能夠反省的妙法。但生活有生活的妙法，它本該是愜意的舒適的，切不可把生活過得逼仄。

——文學家、思想家魯迅

過分渴望榮華富貴的人，永遠都不會滿足。他們每天都在不停地追逐和奔波，但是不知道何時能夠達到自己理想的生活狀態，也不知道什麼樣的生活才是幸福的。他們以為得到越多就是越好的，於是總給自己制訂過高的目標，達不到目標時就灰心失落，深陷苦惱中不能自拔。其實，衡量生活，不要用過長的尺子，接受現實，相信自己已富有、已完美，生命才能無憾。

一個銀行家在一個沿海小漁村碰到了剛剛靠岸的一艘小漁船，船上只有一個漁夫，卻載著幾條大的金槍魚。銀行家誇獎漁夫捕魚的本領好，並且問他捕到這些魚需要多長時間。漁夫回答說：「要不了多長時間。」

銀行家接著問：「那為什麼不多做一會兒，多捕一些魚呢？」

漁夫說：「這些魚足夠一家人吃的了。」

銀行家又問道：「那你剩下的時間都做些什麼呢？」

漁夫說：「我睡個好覺，釣釣魚，陪我的孩子玩耍，陪陪我的妻子瑪麗亞，每天晚上我都會到村子裡去，和朋友們吃吃飯，彈彈吉他。我的生活非常充實。」

銀行家說：「我是銀行家，也許我可以幫助你。你應該花更多的時間捕魚，掙錢買一艘更大的漁船，用大漁船掙來的錢再買更多的漁船，這樣，你就擁有一支船隊了。你不用再把自己打來的魚賣給中間商，而是直接賣給加工商，或者自己做批發零售。你可以離開這個小村子，到墨西哥城，然後到洛杉磯或紐約，讓公司的業務發展壯大。」

漁夫問道：「但是這要花多長時間呢？」

銀行家回答：「大約十五到二十年吧。」

「然後怎麼樣呢？」

銀行家笑了笑說：「到時候你就可以申請上市，向公眾出售公司的股份。此時，你會成為富翁，擁有數百萬財產。」

「數百萬……然後怎麼樣呢？」

銀行家說：「你就可以退休了。你可以搬到海邊的一個小鎮上，

一覺睡到下午，釣釣魚，陪孩子們玩耍，陪陪妻子，每晚到鎮上和朋友們吃吃飯，彈彈吉他。」

漁夫回答說：「難道我現在的生活不是這樣嗎？」

銀行家無言以對。

漁夫追求的是一種簡簡單單的生活，釣釣魚，陪妻子孩子，和朋友吃飯休閒。如果按照銀行家的標準來衡量他的生活，去追求更多的財富，那麼他的生命只能在忙碌中度過。所以要想真正獲得倖福，就要學會看清自己，用合理的生活尺子來衡量自己。

現實生活中，許多人都習慣於拿自己和別人作比較，殊不知，在你拿自己的短處與別人的長處相比時，別人可能也在羨慕你的長處。要懂得欣賞自己的生活，試著不要用那麼高的尺規去要求自己，並且把眼光放在自己身上，多花心力去提高和完善自己，這樣，你的生活一定會多一份快樂與滿足。

不順心時提醒自己「轉念一想」

■ 大師如是說

走運時，要想到倒楣，不要得意得過了頭；倒楣時，要想到走運，不必垂頭喪氣。心態始終保持平衡，情緒始終保持穩定。

——東方學大師，北大終身教授季羨林

生活不總是一帆風順，有很多瑣事會給我們帶來煩惱。有人不小心刮花了我們的新車，擁擠不堪的公車上有人踩到了我們的腳，諸如此類的事件發生之後，本該快樂充實的一天就因為這些不順心的小事失去了。

其實，當我們不順心時，也許只要稍微那麼一轉念，一切就會豁然開朗。

瑪莎曾在慈愛會中同廣為美國人所敬愛的特蕾莎修女共事三十多年。從她下面講述的故事裡，我們可以看出特蕾莎對待人生的態度：

一次，當我做完彌撒，和特蕾莎院長談到人世間諸多的困難挫折

時，她對我說：「其實，世上的艱難困苦俯拾皆是，但如果我們視其為上天恩賜的禮物，那麼人們周圍便會減少幾許悲觀，增添些許快樂……」

不久以後，我和特蕾莎院長乘飛機去紐約。飛機起飛前發現了故障，被迫停飛。當時，我感到失望和沮喪，但想起了特蕾莎院長說過的話，便這樣對她說道：「院長，我們今天得到了一份『小禮物』——我們得待在這兒等四個小時，您不能按計劃趕回修道院了。」特蕾莎修女聽完我的話，微笑著看了看我，然後便安然地坐下來，拿出一本書，靜靜地讀了起來。從那以後，每當我在生活中遇到磨難與挫折時，便會用這樣的話語來表達——「今天我們又得到了一份禮物」、「嘿，這可真是個特殊的大禮物」……這些話竟然有著神奇的效果，往往就在不經意間，困頓難釋的心境變得開朗，莫名的煩惱也消失不見，連微笑也會在說話間悄悄爬上臉頰。

特蕾莎修女善於「轉念一想」，即使生活中的小麻煩，也將其當成一份禮物來對待，保持著一個平和的心境。

究竟是生活對我們過分吝嗇，還是我們看待事物的方式出了問題呢？換種思維方式，如果我們都能夠像特蕾莎修女講的那樣，真誠地感謝生活，把來自生活的點滴都當成生命的一份禮物，將磨難當作命運的祝福，那麼我們的人生就會減少很多不必要的煩惱，生活得更加輕鬆、澄澈明亮。

生活中有一面鏡子，能照出我們失去的無奈、不得的遺憾。然而，好與壞、悲與樂都在我們的轉念之間，誰都沒有束縛我們，是我們捆綁了自己。遇到壞事時，提醒自己轉個念頭去想一想，煩惱、痛苦自然消減。

第七課

從最低處成功，在最高處自省

——逆境、順境都是佳境

逆境也是一種饋贈

逆境可予人一種鍛鍊，一種刺激，此是前人所常說者。

——著名哲學家馮友蘭

人在一生中，隨時都會碰到困難和險境，如果我們僅僅盯著這些困難，看到的只會是絕望。逆境是生活的一部分；雖然充滿荊棘，卻也蘊藏著成功的機遇。只要勇敢面對，就一定能從布滿荊棘的路途中走出一條陽光大道。正如培根所說：「奇蹟多是在厄運中出現的。」

對於每個人來說，逆境、苦難是不可避免的，但是我們也可以將它視作上天賜予我們的「禮物」，因為它豐富了我們的經驗，增強了我們的抗打擊能力，使我們變得更加堅強。在跌倒的時候爬起來，會令我們有更多的意外收穫。

想成為生活中的強者，就要勇敢地向逆境宣戰。一個人的可貴之處，就是不輕易被逆境壓倒，不輕易因逆境喪失希望，不輕易讓逆境傷害自己蓬勃向上的心靈，逆境使他的心比之前更加堅定，意志更加堅強。

生命的旅程總會有浮浮沉沉，這也許就是生命本相。我們都知道蝴蝶的破蛹和美麗，然而與蝴蝶相仿的還有一種蛾，在蛾的王國裡，它以碩大和美麗被人們稱作「帝王蛾」。

　　帝王蛾的幼蟲時期是在一個洞口極其狹小的繭子中度過的，當它的生命要發生變化時，這狹小通道對它來說無疑成了鬼門關。那嬌嫩的身軀必須拼盡全力才能破繭而出，太多太多的幼蟲在過這道鬼門關時力竭身亡，不幸成了飛翔的悲壯祭品。

　　有人懷了惻隱之心，想將那幼蟲的生命通道弄得寬闊一些，便拿來剪刀，把繭子的洞口剪大。於是，繭中的幼蟲不用費多大的力氣，輕易就從那個牢籠裡鑽了出來。但更為不幸的是，所有得了救助而見到天日的蛾，都成為「好心人」的犧牲品，它們無論如何也飛不起來，只能拖著喪失了飛翔功能的累贅雙翅在地上笨拙地爬行！

　　原來，那狹小的繭洞恰是幫助帝王蛾成就雙翼的關鍵。幼蟲穿越洞口的時候，通過用力擠壓，血液才能送達蛾翼的組織中去，使兩翼充血，帝王蛾的翅膀才能發育成熟。人為地將繭洞剪大，蛾的翼翅就失去了充血的機會，這樣生出來的帝王蛾，便永遠與飛翔絕緣。由此可知，除了帝王蛾自己，沒有誰能給予它一雙振臂奮飛的翅膀。

　　人生就是一場戰鬥，沒有破繭成蝶的勇氣和毅力，就不會有鬥志昂揚的生命力。生活中，有輕鬆就有沉重，有順境就有逆境，適當的

沉重和痛苦加諸自身，反而更能顯示出生命的份量。微笑面對逆境，任風雨拍打身軀，任苦難汹困心靈，只要昂起高貴的頭，揚起意志的風帆，迎著風雨遠航，以一種藐視萬難的氣度面對人生的泥淖，逆境自會向我們低頭，饋贈給我們幸福的生活。

生活並非總是豔陽高照的，狂風暴雨隨時都可能來臨，但每一個人都應當以一種勇敢的姿態去迎接命運的挑戰。請記住，冬天總會過去，春天總會來到，太陽也一定會再次升起。

最出色的成績往往是在挫折中做出的。面對困難，每個人都應保持充足的信心和樂觀的態度。挫折和磨難使我們變得聰明和成熟，始終不斷從失敗中汲取經驗，我們才能獲得最終的成功。

給沮喪卸妝，還自己陽光

處世要有奮鬥精神，要抱樂觀態度。失敗了，再繼續著奮鬥。

——著名教育家張伯苓

生活並非易事，我們必須要有堅韌不拔的精神，最要緊的是我們還要保持信心。我們必須相信我們對一件事情有天賦的才能，並且要有付出任何代價都要把這件事情完成的毅力。

有一個男孩子，剛出生時只有可樂罐子那麼大，躺在觀察室裡奄奄一息。他的腿是畸形，沒有肛門（醫生只好給他做了手術，讓他能痛苦地排便），而且他的膀胱和腸也不正常。醫生斷言，孩子幾乎不可能活過二十四小時！然而，他掙扎著，活過了一周，又是一周，他頑強地活了下來。男孩實在太弱太小了，膽怯的他對任何比他大的東西都充滿恐懼，甚至家裡的狗也經常欺負他。父親經常對他說：「孩子，你必須自己面對一切恐懼，勇敢起來！」當他進入學校時，他壓根也沒有想到迎接自己的卻是噩夢。個頭矮小的他成了學校調皮學生

的玩偶：他們掀翻他的輪椅，弄壞他輪椅上的剎車，讓他從走廊直接「飛」進老師辦公室；最可怕的一次是幾個同學用繩子綁住他的手，用膠紙封住他的嘴，把他扔進垃圾箱裡，接著在垃圾箱外點起了火，滾滾濃煙令他窒息，他萬分驚恐，直到一位老師將他解救出來……男孩終於無法忍受了，想著自己一次次被折磨、被侮辱的遭遇，他放聲大哭。他想到了自殺，但，他還是捨不得疼愛他的雙親……高中畢業後，他決定給自己找個工作。每天早上，他趴在滑板上，敲開一家又一家的店門，問店主是否願意雇用他。可等人家打開門時，根本就沒有發現幾乎趴在地上的他，就又把門關上了。在經過無數次應聘失敗後，他終於找到自己的第一份工作。他每天淩晨四點半起床，趕火車到鎮上，然後爬上他的滑板，從車站趕到幾公里外的工廠。儘管生活艱辛，但是能夠自食其力，他勇敢而快樂地活著。從十二歲起，他就開始打室內板球，後來還喜歡上了舉重與輪椅橄欖球。他對運動的執著熱愛，使他取得了一系列好成績，相繼獲得了一九九四年澳大利亞殘疾人網球賽的冠軍以及二〇〇〇年全國健康舉重比賽第二名。他就是約翰・庫緹斯。

我們的生活裡，逆境多於順境是一種人生規律。如同在大海航行的帆船，需要接受驚濤駭浪的考驗，心情沮喪的時候，給自己一片陽光，還自己一片晴朗的天空。學會在逆境中求生存，在那些歧視的目光裡找回你做人的尊嚴。受到壓抑時勇於奮戰，這樣的抗爭才有力量。身處逆境中是痛苦的，但也是幸運的。因為逆境的口袋裡藏有非常豐富的財富，在你熬過最艱難的關口時，你會意外地得到這筆豐厚的財富。

逆境和攀登高山是一樣的道理。逆境向上是艱難的，但你的位置始終在向高處移動；而下山是順勢朝下的，不用花費什麼力氣，但你是在走下坡路，不會領略到高處美妙的風光。

挫折和考驗是磨煉自己的機會

患難困苦，是磨煉人格之最高學府。

——思想家、史學家、文學家梁啟超

大部分人可能都經歷過許多失敗和挫折；當然，也有人獲得成功，事業有成，過著一帆風順的生活，這種人真幸福，許多人或許都這麼想。每個人都希望自己的生活中都是鮮花和掌聲。

其實，無論是挫折還是成功對於我們而言都是考驗和磨煉自己的機會，生命給予我們災難或幸運，應該把這些作為精神食糧，正面考驗，走好此後的人生。

被譽為「經營之聖」的日本著名企業家稻盛先生以他的親身經歷向我們，闡明了這一道理，這是發生在稻盛的故鄉的一件事。

當時在稻盛的故鄉鹿兒島舉辦小學同學會。「希望稻盛君出席。」在同學會上稻盛得知，有人經營小店，有人從工薪族退休。稻盛在一

般人眼裡算是一個成功者，小時一起玩樂的夥伴們同他見面很高興，久別重逢，大家興高采烈，七嘴八舌。小學時曾當班長的同學對稻盛說了一番話。他考上了稻盛沒考上的鹿兒島一中，當班長穿著一中的校服上學時，同稻盛擦身而過，當時稻盛狠狠地瞪了他一眼。

「稻盛君用十分怨恨的目光瞪著我，那種目光至今難忘。」他這麼說。稻盛相信他說的是事實。因為當時的稻盛非常沮喪，老想的是：「初中沒考上，自己究竟為何如此倒楣，為什麼自己會遭此厄運。」所以，對頭腦聰明、能考上好學校的班長，一定既羨慕又妒忌。

後來，小學時的班長考上鹿兒島一中後不久，家屋遭空襲被燒毀。從此他就墮落了，一蹶不振。當時戰爭孤兒很多，街上有許多遊手好閒的人，他入了他們的團夥，做了不少壞事，此後的人生很不順利。他承受了鮮花與掌聲，卻無法承受挫折與不幸。

從這件事我們可以懂得，碰到好事也絕不能驕傲，遭遇災難和重大挫折也不可消沉。 這些都是生活的考驗。

稻盛先生的小學同學一開始拼就命地努力，考上了一所好的中學。當再次遇到困難的時候，剎那間成功變為失敗，此時卻不知所措，從此走向沒落的人生。

在成長的路上不管失敗也好成功也好，都是對我們的一種磨煉和考驗，重要的是如何應對。要從正面接受考驗，將它們作為動力，持

續不懈地努力，在努力的過程中塑造自己的人格。在這個世界上，有陽光，就必定有烏雲；有晴天，就必定有風雨。從烏雲中解脫出來的陽光比從前更加燦爛，經歷過風雨的天空才能綻放出美麗的彩虹，當跨過這些坎之後，迎接我們的將是幸福的人生。

人在低處也飛揚

自強為天下健，志剛為大君之道。

——政治家、思想家康有為

　　生活對於任何一個人都並非易事，我們必須要有堅忍不拔的精神，最重要的是我們自己還要有信心。我們必須相信自己在某些方面具有天賦的才能，並且要有付出任何代價都要把這件事情完成的毅力。只要一息尚存，我們就要追求、奮鬥。即便遭遇再大的困難，我們都要化解、克服，並於逆風之處扶搖直上，做到「人在低處也飛揚」。

　　被譽為「經營之神」的松下幸之助並不是一個社會的幸運兒，不幸的生活卻促使他成為一個永遠的抗爭者。家道中落的松下幸之助九歲起就去大阪做一個小夥計，父親的過早去世使得十五歲的他不得不擔負起生活的重擔，寄人籬下的生活使他過早地體驗了做人的艱辛。

一九一〇年，松下幸之助獨自來到大阪電燈公司做一名室內安裝電線練習工，一切從頭學起。不久，他誠實的品格和上乘的服務贏得了公司的信任。二十二歲那年，他晉升為公司最年輕的檢察員。之後，他又經歷了很多事，使他下決心辭去公司的工作，開始獨立經營插座生意。

創業之初，正逢第一次世界大戰，物價飛漲，而松下幸之助手裡的所有資金還不到一百元，困難可想而知。公司成立後，最初的產品是插座和燈頭，然而當千辛萬苦才生產出來的產品遇到棘手的銷售問題時，工廠竟到了難以為繼的地步，員工相繼離去，松下幸之助的境況變得很糟糕。

但他把這一切都看成是創業的必然經歷，他對自己說：「再下點工夫，總會成功的！已有更接近成功的把握了。」他相信：堅持下去取得成功，就是對自己最好的報答。皇天不負苦心人，生意逐漸有了轉機，直到六年後拿出第一個像樣的產品，也就是自行車前燈時，公司才慢慢走出了困境。

我們的生活裡，逆境多於順境是一種人生規律。就像航行的帆船，需要接受驚濤駭浪的考驗，心情沮喪的時候，給自己一片陽光，還自己一片晴朗的天空。

學會在逆境中求生存，在那些歧視的目光裡找回你做人的尊嚴。

身處逆境中是痛苦的，但也是幸運的。因為逆境的口袋裡藏有非

常豐富的財富，在你熬過最艱難的關口時，你會意外地得到這筆豐厚的財富。

逆境和攀登高山是一樣的道理。逆境向上是艱難的，但你的位置始終在向高處移動；而下山是順勢朝下的，是不費力氣的，但你是在走下坡路，不會領略到高處美妙的風光。

第八課

多一些慈悲心，少一些怨恨心

——原諒他人，就是善待自己

心量大了，格局就大了

對待一切善良的人，不管是家屬，還是朋友，都應該有一個兩字箴言：一曰真，二曰忍。真者，以真情實意相待，不允許弄虛作假；對待壞人，則另當別論。忍者，相互容忍也。

——東方學大師、北大終身教授季羨林

當我們要往蓄水池中注水時，增加輸水管道的長度只是拉長了水流的距離，我們真正要做的是將管道拓寬，這樣才能更快地將水池注滿。

俗話說得好：「心寬體胖，活得健壯；沒心沒肺，活得不累；與世無爭，活得輕鬆。」事實上，當我們真正改變了心靈的寬度時，生命的長度也會悄然增加。量大，用包容的心去接納他人的一切。如此，才能獲得真正的灑脫，做到真正的慈悲，獲得真正的智慧。

從前，有個年輕的小和尚，他過得很不快樂，整天為了雞毛蒜皮

的小事唉聲歎氣。他對師傅說：「師傅啊！我總是煩惱、愛生氣，請您開示開示我吧！」

老和尚說：「你先去集市買一袋鹽。」

小和尚買回鹽，老和尚吩咐道：「你抓一把鹽放入一杯水中，待鹽溶化後，喝上一口。」小和尚喝完，老和尚問：「味道如何？」

小和尚皺著眉頭答道：「又鹹又苦。」

然後，老和尚帶著小和尚來到湖邊，吩咐道：「你把剩下的鹽撒進湖裡，再嘗嘗湖水。」弟子撒完鹽，彎腰捧起湖水嘗了嘗，老和尚問：「什麼味道？」

「純淨甜美。」小和尚答道。

「嘗到鹹味了嗎？」老和尚又問。

「沒有。」小和尚答道。

老和尚微笑著對小和尚說：「生命中的痛苦就像鹽的鹹味，我們所能感受和體驗的程度，取決於我們將它放在多大的容器裡。」小和尚若有所悟。

老和尚所說的容器，其實就是我們的心量，它的「容量」決定了痛苦的濃淡，心量越大煩惱越輕，心量越小煩惱越重。心量小的人，容不得，忍不得，受不得，裝不下大格局；有成就的人，則往往是心

量寬廣的人。那些「心包太虛，量周沙界」的古聖大德，都為人類留下了豐富而寶貴的物質財富和精神財富。我們每個人一生中都會遇到許多鹽粒似的痛苦，如果你的「容器」有限，就和不快樂的小和尚一樣，只能嘗到又鹹又苦的鹽水。

心量是一個可調節大小的容器，如果我們只顧自己的私欲，它就會愈縮愈小；如果我們能站在別人的立場上考慮，它又會漸漸舒展開來。若事事斤斤計較，便把自己侷限在一個很小的框框裡。心量是大還是小，在於自己願不願意敞開。一念之差，心的格局便不一樣，它可以大如宇宙，也可以小如微塵。我們的心，要和海一樣，大江小溪都要容納；要和雲一樣，天涯海角都願遨遊；要和山一樣，任何飛禽走獸都不排拒；要和路一樣，任何腳印車軌都能承擔。這樣，我們才不會因一些小事而心緒不寧、煩躁苦悶。

誰是誰非不重要

▌大師如是說

　　人生的成功，除了自身的勞力、努力、能力，還要具備胸懷的相容、寬容、包容。沒有錯誤，就沒有創新和進步，寬容別人的過失，是在為自己贏得生機；美玉有瑕疵，聖人有缺陷，包容讓你如魚在水左右逢源。

——人文大師、著名作家柏楊

　　縱觀這個社會，我們不難發現，許多卓有建樹的偉人，都有寬廣的胸懷。偉人和普通人都會遇到不受別人尊重、理解的情況。不同的是，偉人往往能夠用博大的心胸包容別人，而普通人往往做不到這一點。

　　對於很多事情，我們總是執著於對錯，總想判出誰是誰非，最後鬧得雙方都不愉快。其實，如果懂得包容，懂得遺忘，彼此能夠相互體諒，不管是對還是錯，便能和諧相處，營造美好的生活。

屠格涅夫比托爾斯泰大十歲，一八五五年兩人相識，多有來往。一次，屠格涅夫寫完一篇小說，請託爾斯泰來家裡做客，午餐後，拿出小說給他看。糟糕的是，托爾斯泰看著小說竟睡著了，這讓屠格涅夫心中十分不高興。

第二天，兩人又應邀到一個詩人朋友家做客。屠格涅夫性情爽快，在談論到與窮人接觸的話題時，他對做女教師的女兒大加讚揚，並談及如何教導女兒。這時，托爾斯泰不合時宜地評論說：「我設想一位穿著華麗的小姐，膝上放著窮人又髒又臭的破爛衣服，猶如在表演一幕不真實的舞臺劇。」屠格涅夫聞罷，對托爾斯泰吼叫：「這麼說是我把女兒教壞了？」兩人惡語相向，並相互揪住對方扭打在一起。聚會不歡而散。從此，兩人斷交，而一轉眼就是十七年。

事情要解決總要有一個人先讓步，只要有一個人肯邁出第一步，那剩下的九十九步誰來走、怎麼走就都不重要了。

一八七八年，托爾斯泰在經歷了長期的內疚和不安後，主動寫信給屠格涅夫表示道歉。他寫道：「近日想起我同您的關係，我又驚又喜。我對您沒有任何敵意，謝謝上帝，但願您也是這樣。我知道您是善良的，請您原諒我的一切！」

屠格涅夫立即回信說：「收到您的信，我深受感動。我對您沒有任何敵對情感，假如說過去有過，那麼早已消除──只剩下對您的懷念。」一場多年的誤會終於化解了。

可見，人與人出現矛盾時，正確的做法應是互諒互讓，相互理解和尊重，對於別人的見解不應輕易否定，即使其見解與你相左，也不要用鋒芒相對的爭辯去處理。

要善於發現別人見解的正確性，多角度地看問題，這時你就會發現，一味堅持自己的思維方式，很多時候顯得多麼無知和可笑。因此，無論何時都要注意，不能聽到不同的觀點就嗤之以鼻。

真理不可能永遠棲息在你身旁，武斷、盲目地堅持只會惹來更多的矛盾和麻煩。在人際交往中，這並不是一個明智的做法。交際的修養也表現在退讓上，寬大的胸襟和淡定的包容會讓你擁有無敵的競爭力。

水一樣持平，水一樣融合

一個人的胸懷決定了他人生的高度。一個人立身處世，擁有什麼樣的胸懷，直接決定了其擁有什麼樣的人生。心有多大，世界就有多大。如果不能打碎心中的壁壘，即使給你整個世界，你也找不到自由的感覺。

——著名學者南懷瑾

老子在《道德經》中說：「上善若水。水善利萬物而不爭，處眾人之所惡，故幾於道。居善地，心善淵，與善仁，言善信，正善治，事善能，動善時。夫唯不爭，故無尤。」老子拿水與物不爭的善性一面來說明它幾乎近於道的修為。所以，一個人要有善於自處而甘居下位的氣度，要有容納百川的度量，立身要像水一樣持平正衡，處事要像水一樣調劑融和。

老子實際上是在期望人能做到如水一樣。所謂「居善地」，就是善於自處而甘居下地；「心善淵」，就是心境像水一樣，善於容納百川的深沉；「與善仁」就是行為舉止同水一般助長萬物生靈；「言善

信」就是言語如潮水一樣準則有信；「正善治」就是立身處世像水一樣持平正衡；「事善能」就是擔當做事像水一樣調劑融和；「動善時」就是把握機會，及時而動，做到像水一樣隨著動盪的趨勢而動盪，跟著靜止的狀況而安詳。

如果將水的品性歸結為一點，那便是「不爭」。所謂「不爭」，就是摒棄爭強鬥勝之意，拋卻爭名奪利之心。若人能做到不爭，便可消弭人世間的各種矛盾和爭端。

管仲與鮑叔牙的故事千百年來被傳為佳話，二人從年輕時便有交遊，管仲生活貧困，常常喜歡占鮑叔牙的便宜，鮑叔牙從無怨言。後來二人各為其主，等到鮑叔牙所輔佐的齊國公子小白被立為齊桓公時，對手的臣子管仲被囚禁起來了。鮑叔牙此時卻一再向桓公推薦管仲，甚至說要完成霸業非管仲不可。管仲由此執掌齊國的政事，齊桓公九次會集諸侯，使天下一切得到匡正，都是根據管仲的計謀。而鮑叔牙則甘居其後。

管仲說：「我當初貧困的時候，曾經和鮑叔牙一起經商，分財利時自己常常多拿一些，但鮑叔牙並不認為我貪財，知道我是由於生活貧困的緣故。我曾經為鮑叔牙辦事，結果使他更加窮困，但鮑叔牙並不認為我愚笨，知道這是由於時機有利和不利。我曾經三次做官，三次都被君主免職，但鮑叔牙並不認為我沒有才幹，知道我是由於沒有遇到好時機。我曾三次作戰，三次都戰敗逃跑，但鮑叔牙並不認為我膽小，知道這是由於我還有老母的緣故。公子糾失敗，召忽為他而

死，我被囚禁起來受屈辱，但鮑叔牙並不認為我不知羞恥，知道我不拘泥於小節，而以功名不顯揚於天下為羞恥。生我的是父母，但瞭解我的卻是鮑叔牙啊！」

　　管仲有奇才，鮑叔牙愛其才而能包容他的其它缺點。這就是「不爭」的胸懷。「不爭」的出發點是利人利物，而非利己，但反過來常常也能收到利己的效果。依舊以管鮑為例，鮑叔牙善於識人而又毫無私心，所以齊國上下都對他極為敬仰，以至於他的子孫世代都在齊國享受俸祿，十幾代人都得到了封地，大都成為有名的大夫。雖然從利己的結果來看，「不爭」多少有些狹隘，但也的確道明了「不爭而無憂」的大道。

　　人情世故，紛繁複雜，「上善若水」乃處世之基，以善念去關懷他人，用善心去包容他人。將水的柔和萬物而不爭的氣度發揚光大，那麼人與人之間的交往也會變得更加和諧和美好。

學會爭氣而不是生氣

人家罵我的話，我統統都記不起了，並且要把它忘記得更快更好！

——著名學者胡適

羞辱他人是對他人人格的一種蔑視，一般被羞辱的人很難做到鎮定自若。但是羞辱無非是對我們身上的某個缺陷進行攻擊，如果僅僅停留在生氣甚至反擊的層面，那麼羞辱留給我們的永遠只有傷害，這也是很多人不願正面觸及羞辱的原因。如果我們包容別人的羞辱，不因別人的羞辱而生氣，反而盡全力彌補自己的不足，那麼羞辱就只是一種烈性的批評，是對於我們身心有益的補藥。認識到這一點後，你是否會對羞辱有一些改觀呢？

歐瑪爾是英國歷史上著名的劍術高手，他有一個實力相當的對手，兩個人互相挑戰了三十年，卻一直難分勝負。

有一次，兩個人正在決鬥的時候，歐瑪爾的對手不小心從馬背上摔了下來，歐瑪爾看見機會來了，立刻拿著劍從馬背上跳到對手身邊，這時只要一劍刺去，歐瑪爾就能贏得這場比賽。歐瑪爾的對手眼看自己就要輸了，因此感到非常憤怒，情急之下便朝歐瑪爾的臉上吐了一口口水，這不僅僅是為了表達自己的怒氣，也是為了要羞辱歐瑪爾。令人意想不到的是，歐瑪爾在臉上被吐了口水之後，反而停下來對他的對手說：「你起來，我們明天再繼續這場決鬥。」歐瑪爾的對手面對他這個突如其來的舉動，一時間顯得有點不知所措。

　　歐瑪爾向這位對手說：「這三十年來，我一直訓練自己，讓自己不帶一絲一毫的怒氣作戰，因此，我才能在決鬥中保持冷靜，並且立於不敗之地。剛才，在你吐我口水的那一瞬間，我知道自己生氣了，要是在這個時候殺了你，我一點兒都不會有獲勝的感覺。所以，我們的決鬥明天再開始吧。」

　　可是，這場決鬥卻再也沒有開始。因為，歐瑪爾的對手從此以後變成了他的學生，也想學會如何不帶著怒氣作戰。

　　試想，如果當初歐瑪爾因對手的那口口水而一劍刺死了對手，那麼，他可能成不了歷史上著名的劍術高手，他的劍術也會因他易怒的性格而大打折扣。所幸的是，他在改造自己易怒的性格上的努力最終讓他不僅贏得了勝利和榮譽，更贏得了對手的友誼。

　　所謂「君子報仇十年不晚」，若是從包容的角度去看這句話，報

仇不是要將羞辱你的人置於死地，而是通過自我修煉，讓自己成為一個高手，讓他人當初的羞辱真正地煙消雲散。

因為別人的羞辱，我們才瞭解，生活的美妙在於一個人不斷從缺陷到完美的歷程。誰也不是一生下來就什麼都會、什麼都知道的，很多東西都是在後天培養的，不要因為現在別人給了你奚落和羞辱而暗自傷心落寞，要努力去克服弱點，這才是真正的任務。在別人的羞辱中，你發現自己缺少了什麼，然後給自己補上，對於自己來說就離完美更近了。永遠不要讓自己的性格局限自己，給自己一個走向完美的期限，邁出走向完美的第一步，慢慢地，你就會獲得成功。

對不同聲音，要心生歡喜

　　成熟不是看你的年齡有多大，而是看你的肩膀能挑起多重的責任。喜歡一個人要用心，誠心相待，真心交流，恒心相守。不要計較太多的得與失，要學會用一顆寬容的心包容對方的缺點與失誤。

——文學家、翻譯家梁實秋

　　在別人指責我們或者對我們進行攻擊的時候，我們就會方寸大亂、手足無措。其實你應知道：你不可能令所有的人都滿意。所以，我們要理智對待「批評」，懂得為人處世的變通之道。在日常工作和生活中，有時候我們會批評別人，也經常遭受來自別人的批評和攻擊。應該說，這些都在所難免。在面對別人對我們的批評時，要吸取其中的合理成分，同時也應該感謝那些能幫助我們完善自己的批評。

　　對於成功者而言，他們擁有很多共同的特點。例如，他們具有開闊的胸懷，都會主動聽取別人的意見，改進自己的工作。比爾·蓋茨就經常對微軟公司的員工說：「客戶的批評比賺錢更重要。從客戶的批評中，我們可以更好地汲取失敗的教訓，將它轉化為成功的動

力。」比爾·蓋茨本人就是一個胸襟非常寬廣的人，他鼓勵公司裡的每個人暢所欲言，當別人和他有不同意見時，他也會很虛心地聽取。每次公開講演之後，他都會問同事自己哪裡講得好，哪裡講得不好，下次應該怎樣改進。這就是真正成功者的作風。

二十世紀八十年代初，美國戲劇家亞瑟·米勒到當時已年逾古稀的戲劇大家曹禺先生家做客。午飯前的休息時間，曹禺突然從書架上拿來一本裝幀講究的冊子，上面裱著畫家黃永玉寫給他的一封信，曹禺逐字逐句地把它念給亞瑟·米勒和在場的朋友們聽。這是一封措辭嚴厲且不留情面的信，信中這樣寫道：「我不喜歡你在新中國成立後寫的戲，一個也不喜歡。你的心不在戲劇裡，你失去了偉大的靈通寶玉，你為勢位所誤！命題不鞏固、不縝密，演繹分析也不夠透澈，過去數不盡的精妙休止符、節拍、冷熱快慢的安排，那一籮一筐的雋語都消失了……」

這封信是對曹禺的嚴厲批評，用字不多卻相當激烈，還夾雜著明顯羞辱的味道。然而，曹禺念信的時候神情激動，彷彿這封信是對他的褒獎和鼓勵。

當時，亞瑟·米勒對曹禺的行為感到不解，其實這正是曹禺的清醒和真誠。儘管他已經是功成名就的戲劇大家，可他並沒有過分在乎自己的榮譽和名聲。在這種「不可理喻」的舉動中，曹禺已經把這種

羞辱演繹成了對藝術缺陷的真切悔悟，那封信中的批評對他而言已經是一筆鞭策自己的珍貴饋贈，所以他要當眾感謝這一次批評。

我們應該善待他人的批評、忠告，因為剔除少數無用的、惡意的批評之後，大部分的忠告和批評常常比我們對自己的看法中肯得多。一味地掩飾、為自己辯護，是不足取的。

第九課

向人生點頭，你是自己的老師

——自卑不是你的標籤

沒有人能夠限制你

相信自己，不要曲意聽從。

——文學家、語言學家林語堂

很多人總是在想，我學歷那麼低，怎麼敢應聘那家公司；我長得不夠漂亮，他怎麼會喜歡我；我表達能力不好，怎麼敢在會議上發言；我五音不全，怎麼好意思在大家面前唱歌……這就是自我設限的表現。由於你的自我設限，導致體內無窮的潛能得不到充分的挖掘和發揮，會讓你流於平庸。

很多人不敢追求成功，不是追求不到成功，而是因為他們在心裡默認了一個「心理高度」，這個高度常常暗示他們的潛意識：我是不可能做到的，這個是沒有辦法做到的。於是，他們一次次地降低自己的標準，將本可勝任的成功機會拱手相讓。

李勝是家保險公司的新職員，他始終忘不了工作第一天打的第一個電話。

當他充滿熱情地撥通電話，聯絡自己的第一個客戶時，沒想到他剛說明自己的身份，對方就非常生硬地打斷了他的話，不但拒絕了他的推銷，更是將他罵了一頓，聲稱自己身體很好，不需要什麼保險。從那以後，再打電話推銷時，李勝心中便有了陰影，說話沒有任何立場，講解吞吞吐吐，自然沒有人願意向他買保險。這片陰影越來越大，他甚至不願意再去摸電話。工作近一年的時間，他一份保單都沒有簽成。他開始想，自己或許並不適合這份工作，自己的口才不好，沒有打動別人的能力，他灰心極了。

經理鼓勵他要給自己機會，沒有誰生來就是注定要成功的，也沒有人會一直失敗。

聽了經理的話，李勝深受激勵，他鼓足勇氣，決定搏一搏。他找出一個曾經聯繫過卻被拒絕的客戶資料，仔細研究對方的需要，選擇了一份適合對方的險種。一切準備妥當後，他撥通了對方的電話，他的自信和真誠征服了客戶，對方買下了他推銷的保險。他終於打破了自我設限，嘗到了成功的滋味。

其實，很多困難遠遠沒有你想像的那樣恐怖，更不是牢不可破的。摒棄固有的想法，嘗試著重新開始，便能擺脫以前的憂慮和消極心理。

我們應當及時擺脫自身「心理高度」的限制，打開制約成功的「蓋子」，那麼我們的發展空間和成功機率將會大大增加。

一些原本有實力的人在社會生活中，由於受到「心理高度」的限制，常常對一些比較好的機會望而卻步，結果痛失良機，甚至導致經常性的挫敗感，這是多麼令人惋惜的事情。人與人的實際能力差不了多少，可是由於認識與行為不同，結果便大相逕庭。心理高度決定了我們的人生高度，一個人若想跳出人生的困局，有所作為，就要撥開心理陰霾，不能因為過去的挫敗或眼前的困境而降低人生標準，為自己的人生過早地蓋上一個「蓋子」。

不再否定自己

一定要有自信的勇氣，才會有工作的勇氣。

——文學家、思想家魯迅

英國著名政治改革家和道德家撒母耳・斯邁爾斯認為，一個人必須養成肯定事物的習慣。如果不能做到這點，即使潛在意識能產生更好的作用，仍舊無法實現願望。與肯定性的思考相對的，就是否定性的思考，凡事以積極的方式即是肯定，而以消極的方式則是否定。

肯定自我，有了樂觀而積極的想法，你才會找到新的人生方向和意義。諸如失戀、失業之類的殘酷事實，有時會不可避免地發生，但千萬不要因此而絕望地否定自己，從此一蹶不振。

成功學大師卡內基年輕時的理想是成為一名作家，但由於貧窮的他未能接受很好的教育，所以，有朋友告訴他成為作家的夢想「不可能實現」。於是，年輕的卡內基存錢買了一本最好的、最完全的、最

漂亮的字典，他做了一件奇特的事，他找到「不可能」（impossible）這個詞，用小剪刀把它剪下來。於是他有了一本沒有「不可能」的字典。

在我們的身邊有些人經常否定自己，「凡事我都做不好」，「人生毫無意義可言，整個世界只是黑暗」，「過去屢屢失敗，這次也必然失敗」，「沒有人肯和我結婚」，「我是個不善交際的人」……持這類想法的人，生活往往不快樂。當我們問及此種想法由何產生，得到的回答多半是：「這是認清事實的結果。」尤其是憂鬱者，他們會異口同聲地說：「我想那是出於不安與憂慮吧！我也拿自己沒辦法。」然而，換一個角度去想，現實並不如你所想像的那麼糟，例如有些人會想：「我雖然一無是處，但也過得自得其樂，不是嗎？」

積極和消極這兩種截然相反的心態會帶給人們巨大的反差。如果以消極的態度來對待一件事，這種態度就決定了你不能出色地完成任務；只有以積極的態度來對待，你才能出色地、超乎尋常地完成這件事。

任何事物都有兩面，至於我們所知所欲的境地，其實都是基於自己將意願刻印在潛意識中的結果之故。如果對此一味悲哀，或無所適從，不但無法改變目前狀況，也很難實現人生理想。即使身處絕境，仍應保持肯定的思考態度，積極的思考能使你集中所有的精力去成就一番事業。

告訴世界「我很重要」

大師如是說

　　我們中國人，太多的考慮別人的感受，考慮著社會，有時也要想想自己，重視自己。

——著名哲學家馮友蘭

　　有人把自己看作生活的主角；有人把自己看作生活的配角；有人把自己看作生活的觀眾；而不屈服於命運的強者，則把自己看作生活的編導。人生如戲，我們都在扮演著自己的各種角色。自信的人總是能夠在人生舞臺上盡情地表演，而自卑的人則是順著他人的步伐，一直充當配角。其實，只要敢於相信自己，每個人都是自己生活的主角。

　　有人曾經在博客中這樣寫道：

　　多年以來，在我們的教育中，個人總是被否定的那一個：面對集體，我不重要，為了集體的利益，我應該把自己的利益放在一邊；面

對他人，我不重要，為了他人能獲得開心，只能犧牲自己；面對我自己，我也不重要，這個世界上，少了我就如同少了一隻螞蟻，沒有份量的我，又有什麼重要？但是，作為獨一無二的「我」，真的不重要嗎？不，絕不是這樣，「我」很重要。

當我們對自己說出「我很重要」這句話的時候，「我」的心靈一下子充盈了。是的，「我」很重要。

「我」是由無數星辰日月草木山川的精華彙聚而成的。計算一下我們一生吃進去多少穀物，飲下了多少清水，才凝聚成這麼一具完美的軀體，我們一定會為那數字的龐大而驚訝。世界付出了這麼多才塑造了一個「我」，「我」怎麼不重要呢？

你所做的事，別人不一定做得來，而且，你之所以是你，必定是有一些相當特殊、別人無法模仿的地方——我們姑且稱之為特質吧！

既然別人無法完全模仿你，也不一定做得來你能做得了的事，試想，他們怎麼可能給你更好的意見？他們又怎能取代你的位置，來替你做些什麼呢？所以，如果你不相信自己，又有誰可以相信？

我們相信：我們有權活在這世上，而我們存在於這世上的目的，是別人無法取代的。

不過，有時候別人（或者是整個大環境）會懷疑我們的價值，時間一長，連我們都會對自己的重要性感到懷疑。請你千萬不要讓這類事情發生在你身上，否則你會一輩子都無法抬起頭來。

記住，你有權力去相信自己很重要。

我很重要，沒有人能替代我，就像我不能替代別人。我很重要。

正如文章裡寫的那樣，肯定自己很重要，相信沒有人能替代自己。也許我們的地位卑微，也許我們的身份渺小，但這絲毫不意味著我們不重要。重要並不是偉大的同義詞，而是心靈對生命的允諾。人們常常從成就事業的角度，斷定自己是否重要，但這不應該成為標準，只要我們時刻努力，為光明奮鬥，我們就是無比重要地存在著，不可替代地存在著。

每個嚮往成功、不甘沉淪者，都應該肯定自己，並且相信其實最優秀的人就是你自己，努力以主角的心情上臺盡力演出，從而活出一個無怨無悔的人生。讓我們昂起頭，對著我們這顆美麗的星球上無數的生靈，響亮地宣佈：我很重要。

把自我優勢發揮到極致

偉大的成績和辛勤的勞動成正比例，有一分勞動就有一分收穫，日積月累，從少到多，奇蹟就可以創造出來。

——文學家、思想家魯迅

一個學音樂的大學畢業生，分配到某企業的工會做宣傳工作。

剛開始，他很苦惱，認為自己的專業、才能與工作不對口，在這裡長期做下去，不但自己的前途會被耽誤，而且日久生疏，專業也可能荒廢。

於是，他四處活動，想調到一個適合自己發展的環境中去，可是，幾經折騰，終未成功。之後，他便死心塌地地安守在這個工作崗位上，他發誓要改變「英雄無用武之地」的狀況。

他找到單位工會主席，提出了籌建樂隊的計劃。正好這個企業剛從低谷中走出來，扭虧為盈，開始進入高速發展時期，自然也想大張旗鼓地宣傳企業形象，提高產品的知名度，就欣然同意了他的計劃。

他來了精神，跑基層、尋人才、買器具、設舞臺、做培訓，不出半年，就使樂團初具規模。兩年以後，這個企業樂團的演奏水準，已成了全市一流，而且堪與專業樂團相媲美，而他自己也成了全市知名度較高的樂隊經理。

通過努力，他改變了自己所處的環境，把自己的優勢發揮到了極致，不但開闢出了施展自己才能的用武之地，而且培養了自己的領導管理才能，為他以後尋求更大發展奠定了堅實的基礎。正如一位成功學家說：「生活的真正悲劇並不在於我們有沒有足夠的優勢，而在於我們未能使用我們的優勢。」每種知識都有可能轉變為財富，在我們的周圍，擁有高學歷的人並不少，成功的人卻不多，就是因為沒有將自己的優勢發揮到極致。

一大早，格爾開著小型運貨汽車來了，車後揚起一股塵土。

他卸下工具後就幹起活來。格爾會刷油漆，也會修修補補，能幹木匠活；也能幹電工活，修理管道，整理花園；還會鋪路，會修理電視機。他把洗碗機安置好，把床架安置好，還整修了路邊的牲口棚。

有一天，格爾在路那頭為鄰居們蓋了一個小垃圾棚。垃圾棚被隔成三間，每間放一個垃圾桶。棚子可以從上邊打開，把垃圾袋放進去，也可以從前邊打開，把垃圾桶挪出來。小棚子的每個蓋子都很好使，門上的合葉也安得嚴絲合縫。

格爾把垃圾棚漆成綠色，晾乾。一位鄰居走過去看一看，為格爾靈巧的雙手而感到驚異。鄰居用手撫摸著光滑的油漆，心想，完工了。不料第二天，格爾帶著一臺機器又回來了。他把油漆磨毛了，不時地用手摸一摸。他說，他要再塗一層油漆。儘管別人看來這已經夠好了，但這不是格爾幹活的方式。經他的手做出來的東西，都非常的美觀精緻。

一個人，必須首先找到自身的優勢所在。如果你能心無旁鶩、專心致志地做好自己該做的事，做最好的自己，你就能超越眾人，擺脫平庸，在眾人中脫穎而出。

你可能不會成為世界上最優秀的人，但你可以做最好的自己。做好了自己，你就能獲得你想要的一切。一位詩人說過──不可能每個人都當船長，必須有人來當水手，問題不在於你做什麼，重要的是能夠做一個最好的你。把身邊的工作做好，就是生活中的成功。只要你認識到自己的長處，把身邊的事情做好，將自身的優勢發揮到極致，就能譜寫出屬於自己的華美樂課。

第十課

只要自覺心安，東西南北都好

——簡單生活，享受少的力量

任何外在問題，都是複雜內心的顯現

▌大師如是說

我們講和諧，不僅要人與人和諧，人與自然和諧，還要人內心和諧。

——東方學大師、北大終身教授季羨林

浮世中許多人為追求舒適的物質享受、較高的社會地位、顯赫的名聲等，使自己庸碌而煩亂；今日的新新人類追求時髦、新潮、時尚、流行，讓自己被欲望所束縛。用心於此，人就會像被鞭子抽打的陀螺，忙碌起來——或拼命打工，或投機鑽營，應酬、奔波、操心……你會發現自己很難再有輕鬆在家讀書的時間，也很難再有與三五朋友坐在一起閒聊的閒暇，你會忙得忽略了自己孩子的生日，你會忙得沒有時間陪父母敘敘家常……這些讓我們失去了簡單的快樂，在複雜的社會中失去了自我。

一位得知自己不久要離開人世的老先生，在日記簿上記下了這段文字：

「如果我可以從頭活一次，我要嘗試更多的錯誤，我不會再事事追求完美。我情願多休息，隨遇而安，處世糊塗一點，不對將要發生的事處心積慮地計算。可以的話，我會去多旅行，跋山涉水，危險的地方也不妨去一去。過去的日子，我實在活得太小心，每一分每一秒都不容有失，太過清醒明白，太過清醒合理。如果一切可以重新開始，我會什麼也不準備就上街，甚至連紙巾也不帶一張。如果可以重來，我會赤足走在戶外，甚至整夜不眠。還有，我會去遊樂園多玩幾圈木馬，多看幾次日出，和公園裡的小朋友玩耍……只要人生可以從頭開始，但我知道，不可能了。」

他是個地地道道、徹頭徹尾的商人，活在爾虞我詐的商場，他曾經傾盡全力、親力親為，弄得自己心力交瘁。為此，他總是能找到藉口自我安慰：「商場如戰場，我身不由己，我身不由己呀！」直到臨終老先生才徹底覺悟，生活不需要很多錢，簡單生活，讓自己快樂才是最珍貴的。簡單生活並非物質的匱乏，但一定是精神的自在；簡單生活也不是無所事事，卻是心靈的單純。回歸內在的真實，才是真正的富足。

其實簡單是一種生活藝術與哲學。簡單生活首先是外部生活環境的簡單化。當你不需要為外在的生活花費更多的時間和精力的時候，也就為內在的生活提供了更大的空間與平靜。之後是內在生活的調整和簡單化，這時的你可以觀察自我，省視內心，更加深層地認識自我。

我們現在所追求的簡單，指的是有快樂意義的生活，真誠、和諧、悠閒且幸福。每個人都可以選擇簡單的生活，充分享受人生的樂趣。簡化生活，可以讓我們快樂終生。

見素抱樸，人生至境

　　做一個簡單的人，踏實而務實。不沉溺幻想，不庸人自擾。要快樂，要開朗，要堅韌，要溫暖，對人要真誠。

——著名學者南懷瑾

　　人生下來都很樸素、很自然，由於後天的教育、環境的影響，把圓滿自然的人性雕琢了，刻上了許多的花紋雕飾，反而破壞了原本的樸實。因此，人不要刻意雕琢自己本性的棱角，要保持住生命中最樸素的東西。

　　大浪淘沙沙去盡，沙盡之時見真金，大多數人都在浮華過後才意識到本色的可貴。質本潔來還潔去，不要讓塵世浮華沾染了原本純潔的心靈。「玉不琢，不成器」，但有時，人應該成為一塊拒絕雕琢的「原木」，保留人性中單純、善良、樸實的東西，不要讓外在的雕飾破壞了自然的本質。

一九二八年，時年二十六歲的沈從文被當時任中國公學校長的胡適聘為該校講師。

　　在此之前，沈從文以行雲流水的文筆描寫真實的情感，贏得了一大批讀者，在文壇享有很高的聲望，但他給大學生講課卻是頭一回。為了講好第一堂課，他進行了認真準備，精心編定了講義。儘管如此，第一天走上講臺，看見臺下黑壓壓地坐滿了學生，他心裡仍不免害怕。

　　面對臺下的學生，沈從文竟整整呆站了十分鐘，一句話也說不出。後來開始講課了，由於心情緊張，他只顧低著頭念講稿，事先設計在中間插講的內容全都忘得一乾二淨。結果，原先準備的一堂課，十分鐘就講完了。接下來的幾十分鐘怎麼打發？他心慌意亂，冷汗順著脊背直淌。這樣的尷尬場面，他以前可從來沒有經歷過。

　　後來，沈從文沒有天南地北地瞎扯來硬撐「面子」，而是老老實實拿起粉筆在黑板上寫道：「今天是我第一次上課，人很多，我害怕了」這老實可愛的坦言「害怕」，引起全堂一陣善意的笑聲……

　　胡適深知沈從文的學識、潛力和為人，在聽說這次講課的經過後，不僅沒有批評，反而不失幽默地說：「沈從文的第一次上課成功了！」後來，一位當時聽過這堂課的學生在文章中寫道，沈先生的坦率赤誠令人欽佩，這是有生以來聽過的最有意義的一堂課。

　　此後，沈從文曾先後在西南聯大師範學院和北大任教。正因為不是「科班」出身，他不墨守成規，而代之以別開生面的言傳身教的文

學教育，獲得了成功。而他那「成功」的第一課，則在學生之中不斷流傳，成為他率直人生的真實寫照。

莎士比亞曾經說過，老老實實最能打動人心。一句「我害怕了」，袒露了一代文學巨匠的質樸內心，面對失敗不敷衍、不做作、不逃避，能老實可愛地袒露內心的人，當然會得到別人的諒解。

質樸是這個世界的原始本色，沒有一點兒功利色彩。就像花兒的綻放、樹枝的搖曳、風兒的低鳴、蟋蟀的輕唱，全聽憑內心的召喚，是本性使然，沒有特別的理由。人需拋棄自己引以為傲的心機，拋棄自私自利的貪心，如果人人皆能如此，便不會有作奸犯科的盜賊，即所謂的「絕巧棄利，盜賊無有」。

著名國學大師南懷瑾先生曾說，如果將絕聖棄智的觀念歸納到生命理想中，便是「見素抱樸，少私寡欲」。「見」指見地，觀念、思想謂之見；「素」乃純潔、乾淨；「樸」是未經雕刻、質地優良的原木。見素抱樸正是聖人超凡脫俗的生命情操，佳質深藏，光華內斂，一切本自天成，沒有後天人工的刻意造作。

學會給生活做減法

▎ 大師如是說

科學可以增進人的積極知識，但不能給生活提供最好的建議。有閱歷的人知道，輕鬆、快樂、富有情趣的生活才是真正好生活，它沒有金錢的負累，也沒有自設的束縛。

——著名哲學家馮友蘭

簡單是一門藝術。越複雜越容易拼湊，越簡單就越難設計。在服裝界有「簡潔女王」之稱的簡‧桑德說：「加上一個扣子或設計一套粉色的裙子是簡單的，因為這一目了然。但是，對簡約主義來說，品質需要從內部來體現。」簡單不僅僅是摒除多餘的、花俏的部分，避免喧囂的色彩和煩瑣的花紋，更重要的是體現清純、質樸、毫不造作的本色。

年輕的時候，李麗比較貪心，什麼都想追求最好的，拼了命想抓住每一個機會。有一段時間，她手上同時擁有十三個廣播節目，每天忙得昏天暗地的。但事情都是雙方面的，所謂有一利必有一弊，事業

愈做愈大，壓力也會愈來愈大。到了後來，李麗發覺擁有更多、更大的不是樂趣，反而是一種沉重的負擔。她的內心始終被一種強烈的不安全感籠罩著。

後來，「災難」發生了，她獨資經營的傳播公司被惡性倒賬四五千萬元，交往七年的男友和她分了手……一連串的打擊直奔她而來，在極度沮喪的時候，她甚至考慮過結束自己的生命。

在面臨崩潰之際，她向一位朋友求助：「如果我把公司關掉，我不知道我還能做什麼？」朋友沉吟片刻後回答：「你什麼都能做，別忘了，當初我們都是從『零』開始的！」

這句話讓她恍然大悟，也讓她勇氣重生：「是啊！我們本來就是一無所有的，既然如此，又有什麼好怕的呢？」就這樣念頭一轉，沒有想到在短短半個月之內，她連續接到兩筆很大的業務，瀕臨倒閉的公司起死回生，又重新運轉起來。

這些挫折反而讓李麗體悟到人生無常的一面，費盡了心力去強求，雖然勉強得到，最後往往留也留不住；而一旦放空了，隨之而來的很可能是更大的能量。

從此，她學會了「生活的減法」。為了簡化生活，她盡可能謝絕應酬，搬離了一百五十平方米的房子，索性以公司為家，在一個十平方米不到的空間裡，淘汰不必要的家當，只留下一張床、一張小茶几，還有兩隻做伴的狗。

李麗忽然發現，原來一個人需要的其實那麼有限，許多附加的東

西只是徒增無謂的負擔而已。朋友不解地問她：「你為什麼都不愛自己？」她回答：「我現在是從內在愛自己。」

　　一個人覺得不堪重負的時候，應當學會做生活的減法，減去自己一些不需要的東西，有時候簡單一點，反而會覺得更踏實。

　　簡單不是亂減一氣，而是在對事物的規律有深刻的認識和把握之後的去粗取精和去偽存真。一個雕刻家能把一塊不規則的石頭變成栩栩如生的人物雕像，因為他「胸中有丘壑」。如果你抓不住重點，找不到要害，不知道什麼最能體現生命的內在品質，結果往往只能是將不該減掉的東西減掉了。

不為物累，簡單生活

▌大師如是說

　　享受悠閒生活當然比享受奢侈生活便宜得多。要享受悠閒的生活只要一種藝術家的性情，在一種全然悠閒的情緒中，去消遣一個閒暇無事的下午。

——文學家、語言學家林語堂

　　人心隨著年齡、閱歷的增長而越來越複雜，其實生活十分簡單。保持自然的生活方式，不因外在的影響而痛苦抉擇，便會懂得生命簡單的快樂。幸福與快樂源自內心的簡約，簡單使人寧靜，寧靜使人快樂。

　　頭上是萬里無雲的朗朗晴空，手中是沁人心脾的冰鎮啤酒。停在這片光禿禿的灼熱沙漠上的東一輛西一輛旅宿汽車和拖車的門吱吱地推開了，「獨身漫遊者」俱樂部的一些成員到這漫漫荒原來享受一個下午的快樂時光。

這數十名俱樂部成員全都是頭髮灰白的老者，而且全都是單身人士。他們聚集在一簇簇風滾草旁開始飲酒、講故事。這個俱樂部是在西部的高速公路上打發時光的、人數越來越多的退休者大軍中的一支隊伍，斯拉布城是他們的最新休憩地點。他們在臨時搭起的帳篷上空升起美國國旗，國旗在沙漠的疾風中呼啦作響。

　　埃爾伍德‧威爾遜問道：「你以為我們會願意整天閒坐著不動嗎？」他喝下一大口密爾沃基啤酒後說：「絕非如此。」上年紀了，住進退休者之家，日夜守在電視機旁，周日沒完沒了地招待兒女和孫輩──誰願意過這樣的日子？他們所嚮往的是沒有盡頭的公路，尤其是西部那些一流的高速公路。

　　由於提前退休的人有所增加和醫學的進步使更多的老年人健康長壽，也由於現在有了像佛羅里達公寓一樣舒適的新型車輛，以公路為家變成了一種比較容易適應的生活方式。許多人賣掉房子，把家當存放起來，把房產兌換成金錢，然後告別自己舊有的生活方式，乘坐各式各樣的車輛，冬季穿行於西部廣袤的沙漠，夏季漫遊於太平洋西北沿岸茂密的森林，然後在適當的時候再轉動方向盤，開始新的遊歷。

　　有些人在公路上生活得太久了，以至於對任何其它生活方式都不能接受。退休護士佩吉‧韋布自五年前和她那退役的丈夫賣掉房子起，就一直駕車漫遊。一天早上，她一邊在畫板上練習繪畫一邊說：「我從未想到我會有這樣的勇氣。但是，我們的孩子都長大成人了。我們住在空蕩蕩的房子裡，不知該做什麼。於是我們便上路了。現在我認為我永遠不會再像以前那樣生活了。」

也許，這種生活方式該算最徹頭徹尾的「簡單生活」了。人們幾乎都在通過自己獨特的途徑探索最簡單的、最符合心靈需求的新生活方式，以替代日漸奢侈、日漸繁冗的生活。

　　簡單的生活是快樂的源頭，為我們省去了汲汲於外物的煩惱，又為我們開闊了身心解放的快樂空間。「簡單生活」並不是要你放棄追求，放棄勞作，而是要抓住生活、工作中的本質及重心，以四兩撥千斤的方式，去掉世俗浮華的瑣務，用一顆簡單的心去尋找生活的快樂。平凡是人生的主旋律，簡單則是生活的真諦。

以一顆童心看世界

▎ 大師如是說

精明使生活無趣。

——古文字學家、考古學家陳夢家

豐子愷是我國著名的漫畫家、藝術教育家，被稱為我國美育教育家的先驅。同時，他還是七個孩子的父親，是一個把天上的神明與星辰、地上的藝術與兒童並列為自己心中最重的真情真性的藝術家。他對童心世界的推崇和景仰，使他成為一個最懂得珍愛童心、護衛童心的好爸爸。

豐子愷總像孩子一樣生活著，保持著一顆童心，所以，他的生活充滿了歡樂。他曾在〈我與新兒童〉一文中指出：「我覺得一個人的童心切不可失去。大家不失去童心，則家庭、社會、國家、世界一定溫暖、和平、幸福。所以我情願做『老兒童』，讓人家去奇怪吧！」

而他的童心從哪裡來的呢？就是從他和他的孩子們日常生活的點點滴滴中來。

豐子愷常常唱著小曲哄孩子們睡覺；三筆兩筆劃出一幅畫引孩子們笑；和孩子們一起用積木搭汽車、造房屋；把小凳子擺成一排玩「開火車」；和小女兒搶著看《新兒童》雜誌，一起討論裡面的問題，玩裡面的遊戲。

某一天，他把小燕子似的一群兒女從上海送回鄉下，獨自回到租寓，將家裡的零星東西通通送了人，唯留下四個兒女的小鞋子，整齊地擺在自己的床下，而且每每看到都會感到愉快。愛孩子愛到如此境地的父親，世間上是少有的，這就是一幅絕妙的愛子漫畫。

一年夏天，豐子愷領著四個孩子坐在樹蔭下吃西瓜消暑，三歲的阿韋一面嚼西瓜，一面發出花貓似的喵喵聲，五歲的瞻瞻說：「瞻瞻吃西瓜，寶姐姐吃西瓜，軟軟吃西瓜，阿韋吃西瓜。」七歲的軟軟和九歲的阿寶說：「四個人吃四塊西瓜。」普通的日常生活小景、稚氣未脫的童言，變成了豐子愷筆下神采飛揚的故事。

正如日本的一位作家說，豐子愷對萬物有豐富的愛。豐子愷的內心被天上的神明與星辰、人間的藝術與兒童所佔據，一個以童心看世界的人，心中是不會缺少愛的。

明代的李贄寫過一篇文章叫作〈童心說〉，他說童心就是真心。他把童心定義在真誠上，也就是說，我們的欲望不管是好的還是壞的，都值得表露出來。現在有很多人心裡面有了是非、善惡、美醜的觀點之後，知道什麼是對的，什麼是不對的，那麼對很多事情都會做一些掩飾。

真正的幸福其實是很簡單的，它就存在於我們眼前的每一個細微之處。這些簡單平凡的小幸福要有一顆純真、質樸的童心才能夠體會得到。

　　在現實生活中很多人總是活得中規中矩，就像戴著囚禁和摧折真情真性的枷鎖。其實，每個人都不乏童心，只不過有些成人迷戀於現實的圓熟，有意無意間將童心作繭，或者乾脆主動棄掉，以適應生存的擠壓與世故的防衛。

　　保持一顆童心，用簡單的內心體察當下、感受當下，就能體會到不一樣的心靈感觸。童心如朝露，天然純淨，不曾被世俗污染，因而彌足珍貴。

第十一課
在匆忙中找到不迷失的自己

——安定身心，遠離偏執的羈絆

不要和自己過不去

■ 大師如是說

強求自己，便是自己的敵人。

——文學家、語言學家林語堂

　　你的身邊一定有為了生活狠逼自己賣命的人，也有因為沒有獲得意想中的成功而不斷埋怨自己的人，何必這樣為難自己呢？人生短短幾十載，沒有人規定你必須達到某個高度，快樂才是人生的真諦，況且人往往是把一切都看淡了、看開了，卻在不經意間獲得了成功。

　　讀大學的時候，有個班級每天中午都要上演一個同學們喜聞樂見的節目，就是「才藝大觀」。按規定，班內的每個人都要參與，而且是一天一個人上臺表演才藝，你可以發表演講，也可以說段子、講笑話，只要是能展示你自己，並且大家愛聽愛看的，無論什麼節目都可以。

　　有一天中午，輪到小齊上臺表演，無論是學習成績還是外貌形

象，他都毫不起眼。只見他慢騰騰地走上講臺，摘下他那頂作為道具用的西部牛仔帽子，先向同學們深深地鞠了一躬，然後清清嗓子開始演講：

「嗯！從身材上看，不用我說大家也可以看出，我屬三等殘疾之列，但大家知道嗎？我比拿破崙還高出十釐米呢，他是一米五，而我是一米六；再有維克多·雨果、鄧小平，我們的個頭都差不多；我的前額不寬，天庭欠圓，可偉大的哲人蘇格拉底和斯賓諾莎也是如此；我承認我有些未老先衰的跡象，還沒到二十歲便開始禿頂，這並不寒磣，因為有大名鼎鼎的莎士比亞與我為伴；我的鼻子略顯高聳了些，如同伏爾泰和喬治·華盛頓一樣；我的雙眼凹陷，但聖徒保羅和哲人尼采亦是這般；我這肥厚的嘴唇足以同法國君主路易十四媲美，而我的粗胖的頸脖堪與漢尼拔和馬克·安東尼齊肩。」

沉默了片刻，他繼續說：「也許你們會說我的耳朵大了些，可是聽說耳大有福，而且賽凡提斯的招風耳可是舉世聞名的啊！我的顴骨隆聳，面頰凹陷，這多像美國獨立戰爭的英雄林肯啊；我那後縮的下頜與威廉·皮特不分軒輊；我那一高一低的雙肩，可以從甘泌大那尋得淵源；我的手掌肥厚，手指粗短，大天文學家丁頓也是這樣。不錯，我的身體是有缺陷，但要注意，這是偉大的思想家們的共同特點……」

當小齊表演完他的節目走下講臺時，班級裡爆發出久久不息的掌聲。

小齊的這次講演，不僅在於他的風趣幽默與妙喻連連，更在於他教同學們學會了如何對待自己的缺點。

　　每個人都會有自己的缺點和不足，如果我們一味地沉浸在自己的缺點中無法自拔，那麼生活還有什麼意義呢？我們每一個人都是獨一無二的，不要總是拿自己的短處去對比人家的長處，卻忽視了自己也有別人所不及的地方。當你覺得自己很「拿不出手」的時候說不准別人正在羨慕你的才能呢！

　　不是我們不夠優秀，而是我們太難為自己，難為到我們自己也為之傷心、失落。一個人最閃光的時刻就是他充滿自信的時候，自信需要我們不斷地尋找自身的優點，而不是一味地強調自己的缺點，自信可以讓一個外貌條件不出眾的人比一個自身條件更優越的人更有魅力。

綻放不了花香，就當綠葉

▌大師如是說

　　爭到最後一無所得，這是常有的事。不一定非要做多大的官，辦多大的事，默默無聞，哪怕成為一朵小花，也未嘗不可。

——著名學者南懷瑾

　　從小我們就被教育做事情要力爭上游，同時，我們也逐漸明白，很多時候只能有一個第一名，只能有一個主角，只能有一個焦點。當我們身披榮光引來萬千目光的時候，我們的心靈得到了極大的滿足，但是在榮耀的背後，我們還是要接受平淡與寂寞，為別人做配角或者乾脆消失在舞臺。這種滋味很不好受，因為每個人都渴望自己是紅花，別人是綠葉。其實，這是因為我們太在乎名利了。

　　一九六八年，第一位踏上月球的太空人阿姆斯壯，以「這是我個人的一小步，卻是全人類的一大步」的一番話而名留青史，成為全世界人民心目中的大英雄。

然而，當時登陸月球的，除了阿姆斯壯之外，還有他的隊友奧德倫。當時，兩人只有一步之差。阿姆斯壯以踏上地球以外的星球的第一人聞名於世，奧德倫卻默默無名，知道他的人寥寥無幾。

在慶功宴上，人們紛紛向阿姆斯待朗表示祝賀時，一名記者卻突然問奧德倫：「阿姆斯壯先下了太空艙，成為登陸月球的第一人，你會不會覺得有些遺憾？」

氣氛一下子降到了冰點，眾人紛紛把目光投向奧德倫，看他怎麼接下這突如其來的燙手山芋，連太空英雄阿姆斯壯都顯得有些尷尬，然而奧德倫神情自若，微微一笑：「各位，千萬別忘了，回到地面時，我可是最先走出太空艙的，所以，我是別的星球來到地球的第一人。」

話音剛落，人群中響起了一陣笑聲，慶功宴上尷尬不再，熱烈的掌聲持續了許久。

同樣是登上月球的宇航員，阿姆斯壯聞名於世，奧德倫卻默默無名。但是奧德倫的一席話不僅避免了阿姆斯壯的尷尬，還體現了他自己敢於充當綠葉的胸懷。

我們身邊的很多人總是執拗於一個方向，認為做主角才是自己的唯一目標，拼命追求名利和地位，用物質條件來滿足自己的需要。其實，在生活中，很多事情都不是單向發展的，它存在很多面，不應該以單一的標準評定一個事物的好壞。當事情不能按照我們的預想發展

的時候，我們不妨轉換一下思維，如果綻放不了花香，不妨做一下綠葉。當我們的思路換了一個方向的時候，成功的定義也會跟著發生轉變。當我們不再執著於一個方向的時候，成功與幸福就變得隨處可見了。

有的時候，充當生活的綠葉，還可以幫助我們提升自己，這一次沒有當上主角的原因可能是自己的實力還不夠，或者是自己還不夠幸運，只要肯堅持、肯努力，總有成功的那一天，千萬不要因想不開、看不開而迷失自我，停滯不前。

我們雖然不能立刻當上第一名，卻能夠調整自己的心態向積極的方向發展。我們雖然無法預測成功何時降臨，但可以向著成功的方向努力。當我們理想的生活狀態沒有實現的時候，不妨讓自己的思維換一個方向。當不成綻放的花朵，我們還可以擁有綠葉的生機；當不成浪漫的皓月，我們還可以做一顆閃爍的星星。

不必執著自己是對的

▌ 大師如是說

聰明的人懂得轉彎，偉大的人懂得變通，堅持是可貴的，但矯枉過正，變成某種偏執，認為自己一定要怎麼樣，就會出問題。

——東方學大師、北大終身教授季羨林

很多人糾結於小事正確與否，一味堅持自己正確，最後會把自己逼入困境。在人生的路上，真正的山峰就是自己的心靈，認不清自我，便永遠無法逾越。其實想想，即使你最後證明自己是正確的，也只是贏得暫時的勝利與快樂，各種孤單與寂寞最後會洶湧而來，這不是一種更大的損失嗎？

王明是一個凡事都想和別人爭個對錯的人。一次朋友聚會，李凡給大家講了講自己關於歐洲的一些認識和看法，大家都聽得津津有味，唯獨王明對此不屑一顧，在李凡還沒講完時就生硬地打斷他：「你說得不對！我二哥上個月才去歐洲旅遊，他跟我說的和你講的一點兒都不一樣，你還是多看看書，或者也像我哥一樣去旅遊一次回來

再說吧，哈哈！」眾人都尷尬得不知道說什麼好，大家都知道他就是這麼一個人，總認為自己是對的。

像王明這樣的人，其實對別人沒有什麼影響，大家如果不想心煩，疏遠他就可以了。真正遭受損失的是王明自己，失去朋友的滋味可想而知。一個人不能寬心，不懂得在小事上放寬心，生活只會在他心中堆積越來越多的煩心事。

每個人都應該跳出「我永遠正確」的這個框架，放下執念，更客觀地看待現在的自己。學會用全新的視角審視自己，我們才能擁有更廣闊的未來。

布萊恩在一家小旅館住宿，午夜時分，忽然聽到浴室中有一種奇怪的聲音。過了一會兒，布萊恩看見一隻老鼠跳上鏡臺，然後又跳下地，並在地板上做了些怪異的老鼠體操，然後又跑回浴室，使布萊恩一夜都沒睡好覺。

第二天早晨，他對打掃房間的女侍說：「這間房裡有老鼠，昨晚吵了我一夜。」女侍說：「這旅館裡沒有老鼠。這是頭等旅館，而且所有的房間都剛剛刷過漆。」

布萊恩下樓時對電梯司機說：「你們的女侍倒真忠心，我告訴她說昨天晚上有隻老鼠吵了我一夜，她說那是我的幻覺。」

沒想到，電梯司機說：「她說得對。這裡絕對沒有老鼠！」

布萊恩的話被女侍和電梯司機傳開了。旅館裡的服務員們在他走過時都用怪異的眼光看著他。第二天早晨，他到店裡買了老鼠籠，偷偷帶進旅館。翌日早晨他起床時，果然看到老鼠在籠裡，既是活的，又沒有受傷。他心想，我將證據擺在他們面前，看他們還怎樣說我無中生有！

但在準備走出房門時，他忽然間意識到，如此做法，是否有些小題大做？是不是顯得太無聊了，而且很討厭？

布萊恩趕快走回房間，把老鼠放出來，讓牠從窗外寬闊的窗臺跑到屋頂上去了。

半小時後，布萊恩退掉房間，離開旅館，出門時把空老鼠籠遞給侍者。他發現，廳中的人都向他微笑點頭，親切地目送著他推門而去。

如果布萊恩真的將老鼠帶給前臺，誠然能夠證明他並沒有說錯，但同時他也證明了自己是多麼惹人討厭。他並沒有成為贏家，而更像一個可笑的失敗者。許多人對什麼事都過於較真，為了證明自己是對的，對事件的細節之處追根究底，然而花費了不少力氣和心思之後，不僅不能得到他人的認同，還可能惹人生厭。反之，如能像布萊恩一樣，明智地選擇放下心中的計較，不再執著於使人們信服旅館中確實有老鼠，那麼他失去的，僅僅是證明自己正確之後轉瞬即逝的滿足感，收穫的則是他人的認同以及發自內心的讚許。

如果一個人能夠放棄執念，不糾結於對錯，便能減少很多煩惱，在人生的道路上輕裝上陣，擁抱雨露陽光，收穫像金黃的稻子一般的快樂，走向無限廣闊自由的天地。

第十二課

內心自然、自順、澄淨沒有聲音

——安住靜怡的心門，輕緩而行

莫讓煩惱絆住快樂的雙腳

做人要老實，端正自己的心態，處理好自己的心情，哪裡還有什麼煩惱痛苦。

——東方學大師、北大終身教授季羨林

一個人擁有什麼樣的心態，他就可以成為一個什麼樣的人，他就能夠擁有一個什麼樣的人生。事情往往是這樣，你相信會有什麼結果，就可能會有什麼結果。人有時可以通過改變自己的心境來改變自己的人生。

偉大的心理學家阿德勒一生都在研究人類的潛能，他曾經宣稱他發現了人類最不可思議的特性——「人具有一種反敗為勝的力量」。這種力量是每個人都擁有的，如果你不滿意自己的現狀，想改變它，那麼請改變你自己的心態，讓它始終處在陽光下。如果你有了積極的心態，能夠積極樂觀地改善自己的環境和命運，那麼你周圍所有的問題都會迎刃而解。

戰時，湯姆森太太的丈夫到一個位於沙漠中心的陸軍基地去駐防。為了能經常與他相聚，她搬到基地附近去住。

那實在是個可憎的地方，她簡直沒見過比那更糟糕的地方。她丈夫出外參加演習時，她就只好一個人待在那間小房子裡。那兒熱得要命——仙人掌陰影下的溫度都高達華氏一二五度，沒有一個可以談話的人。風沙很大，到處是沙子。

湯姆森太太覺得倒楣透了，又覺得自己很可憐，於是她寫信給她父母，告訴他們她放棄了，準備回家，她一分鐘也不能再忍受了，她寧願去坐牢也不想待在這個鬼地方。她父親的回信只有三行，這三句話常常縈繞在她的心中，並改變了湯姆森太太的一生——有兩個人從鐵窗朝外望去，一個人看到的是滿地的泥濘，另一個人卻看到滿天的繁星。

她把父親的這幾句話反覆念了多遍，忽然間覺得自己很笨，於是她決定重新審視她的生活環境。她開始和當地的居民交朋友，他們都非常熱心，當湯姆森太太對他們的編織和陶藝表現出極大興趣時，他們會把那些捨不得賣給遊客的心愛之物送給她。她開始研究各種各樣的仙人掌，頂著太陽尋找土撥鼠，觀賞沙漠的黃昏，尋找三百萬年以前的貝殼化石。

她發現的這片新天地令她既興奮又刺激。於是她開始著手寫一本小說，講述她是怎樣逃出了自築的牢獄，找到了美麗的星辰。

湯姆森太太成了一個快樂的人，她終日保持著微笑，也因此贏得了當地人的喜愛。

是什麼給湯姆森太太帶來了如此驚人的變化呢？原因就在於她自己的改變。她改變了自己的消極觀念，開始去嘗試發現生活中的美好，也正是這種改變使她有了一段精彩的人生經歷。生活中一些困難或願望得不到實現時，人難免會產生負面的情緒體驗。如果你不快樂，那麼不妨仔細想一下，是不是那些悲觀的念頭像一張網一樣纏繞了你的心靈？

蘇軾幾百年前的聲音還在耳邊：旁觀拍手笑疏狂，疏又何妨？狂又何妨？所以還有什麼好煩的，就讓別人嘲笑去，你大可安心地享受你的快樂。

靜心是輕盈快樂的生活之道

▌大師如是說

　　我總以為生活的目的即是生活的真享受……是一種人生的自然態度。

——文學家、語言學家林語堂

　　靜心貴在靜，波瀾不驚，生死不畏，於無聲處聽驚雷。因為胸括萬殊，生活永不枯燥。利不能誘，邪不可幹，心能昭日月。一身正氣，兩袖清風，做堂堂正正的人。上不負天，下無愧人，桓頹其奈我何彝旦夕禍福，知天達命，不違自然。有情有義，俠骨柔腸，遠離顛倒夢想。悲憫眾生，利益眾人，卻能明哲保身。從最平常的事物中，發現至真至美。

　　佛家傳誦一個著名的故事，是關於名師雪峰法師的。

　　一日，有個叫玄機的和尚對自己的苦心修行非常不滿，心道：「我整日打坐，是逃避嗎？打坐，就是為了心無雜念，如果靠打坐才能達到這樣的效果，打坐和吸食鴉片有什麼兩樣呢？」

他眼神中充滿了迷惘，目光漸漸黯淡了。然後他起身去拜見雪峰禪師，希望能從他那裡得到答案。

雪峰禪師看著眼前的這個人，覺得他雖然有向佛之心，但是本性中有許多缺點不自然地表露了出來，於是點點頭，問道：「你從哪裡來？」

「大日山。」雪峰微笑，話裡暗藏機鋒：「太陽出來了沒有？」意思是問他是否悟到了什麼禪理。

玄機以為雪峰是在試探他，心想：「連這個我都答不上來的話，這幾年學禪，豈不是白白浪費時間了嗎？」便揚著眉毛說：「如果太陽出來了，雪峰豈不是要融化？」雪峰歎息著又問：「您的法號？」

「玄機。」雪峰心想：「這個和尚太傲了，心裡裝的東西也太多了，且提醒他一下吧！」於是問道：「一天能織多少？」

「寸絲不掛！」玄機心想：「就這個也能考住我玄機和尚，真是太小瞧我了！」

雪峰看他這樣固執，不由得感歎道：「我用機鋒來提醒他，他卻和我爭辯口舌，自以為是，卻不知心中已經藏了多少名利的蛛絲！」

玄機看雪峰無話可說，便起身準備離去，臉上還是那樣得意的神態。

他剛轉過身去，雪峰禪師就在身後叫道：「你的袈裟拖地了。」玄機不由自主地回過頭來，見袈裟好好地披在身上，只見雪峰哈哈大笑：「好一個寸絲不掛！」

雪峰禪師的一句寸絲不掛，看似諷刺玄機，其實是告訴玄機心中有雜念，因此不能成佛。其實，寸絲不掛的意思就是心裡不能裝事，不要總想著別人會怎麼看你。對於我們來說，寸絲不掛就是少思寡欲，心思清靜，生活越安靜，我們才能活得越寬慰，越開心。

　　人活在世上都要扮演一定的角色，或許你覺得自己如今的生活很平淡，但是你終究也會有自己的幸福。

　　無論處於何種環境下，都能擁有平常心，那一定是個了不起的人，就如孔子所讚美的，不是個聖人，也是個賢人。只要我們努力，是能夠以平常心去對待紛雜的世事和漫長的人生的，至少也能夠做到以平常心跨越人生的障礙。靜心是一種靜美的人生哲學。一切大智慧、一切擺脫煩惱的秘徑原本不在大風大浪中，也不在滄桑變遷間，只在日常生活裡。

　　所求越多，所貪越多，不知付出，心中也就雜念繁多，不能自己。人只有心靜，才能最大限度地獲得生命的自由、獨立，收穫未來的光榮與輝煌，才能有讓生命一次次遠行的機會。

何必尋愁覓恨怨東風

█ 大師如是說

涵容以待人，恬淡以處世。

——藝術家、教育家、思想家李叔同

「百年三萬六千日，不在愁中即病中。」古人的詩句可謂一語道破了人生的真諦。世界上的人，每天都在忙碌、不安和煩惱中度過，一個煩惱過去，下一個煩惱又來了，愁工作、愁財富、愁子女，甚至有時候顧影自憐……總之，各種各樣的煩惱層出不窮，永不停息。

人們每天都在煩惱些什麼呢？所有人都在「無故尋愁覓恨」，無緣無故尋找愁苦。其實生活中很多人都是如此。每天都被各種各樣莫名其妙的煩惱所包圍，明明沒有什麼事情，卻仍然急躁不安，心靈永遠沒有平靜的時候。

其實，何止是常人會無故尋愁覓恨，一些沒有成就佛法的僧人往往也會如此：

白雲守端禪師在方會禪師門下參禪，幾年來都無法開悟，方會禪師憐念他遲遲找不到入手處。一天，方會禪師借著機會，在禪寺前的廣場上和白雲守端禪師閒談。方會禪師問：「你還記得你的師傅是怎麼開悟的嗎？」白雲守端回答：「我的師傅是因為有一天跌了一跤才開悟的，悟道以後，他說了一首偈語：我有明珠一顆，久被塵勞封鎖，今朝塵盡光生，照破山河萬朵。」

　　方會禪師聽完以後，大笑幾聲，徑直而去。留下白雲守端愣在當場，心想：「難道我說錯了嗎？為什麼老師嘲笑我呢？」白雲守端始終放不下方會禪師的笑聲，幾日來，飯也無心吃，睡夢中也經常會無端驚醒。他實在忍受不住，就前往請求老師明示。

　　方會禪師聽他訴說了幾日來的苦惱，意味深長地說：「你看過廟前那些表演猴把戲的小丑嗎？小丑使出渾身解數，只是為了博取觀眾一笑。我那天對你一笑，你不但不喜歡，反而不思茶飯，夢寐難安。像你對外境這麼認真的人，連一個表演猴把戲的小丑都不如，如何參透無心無相的禪呢？」

　　《西廂記》也有對人心理情緒描寫的詞句：「花落水流紅，閒愁萬種，無語怨東風。」沒有可怨的，把東風都要怨一下。閒來無事在愁閒愁究竟有多少？講不出來的閒愁有萬種。有人一天到晚怨天尤人，實在無事，也要「無語怨東風」。

　　「天下本無事，庸人自擾之。」在眼前的生活中，只要你不自

擾，在面對世事變幻的時候，能夠始終保持自己的本心，不自尋煩惱，就能獲得一個快樂圓滿的人生。

生活是一件藝術品，每個人也都有自認為不盡如人意的一筆，關鍵在於你怎樣看待，煩惱存在於每個人的生活中，認真對待紛擾的人生才是最舒坦的。

田園裡一顆閒逸的心

■ 大師如是說

　　千萬別浮躁，學會靜心、學會忍受孤獨。在孤獨中思考、在思考中成熟、在成熟中昇華。不要因為寂寞而亂了分寸。

　　　　　　　　　　　　　　　　　　　　——著名學者南懷瑾

　　中國山水田園詩源遠流長，詩人眾多，風格各異。詩人們以山水田園為審美對象，把細膩的筆觸投向靜謐的山林、悠閒的田野，營造出一種田園牧歌式的生活，藉以表達對現實的不滿和對寧靜平和生活的嚮往。作為寫出那些經典的田園詩歌的人來說，都幾乎是在對現實的不滿的境遇中選擇了回歸山林、歸隱田園，在遠離塵世的地方，有一顆閒適的心，才會有那些優美而空靈的詩句。後人也從那優美的詩句中，加深了對安逸的田園生活的嚮往和對閒適心態的體認。

　　然而，生活在當今時代的我們，不可能像陶淵明那樣，到山林中去歸隱。我們改變不了社會的快節奏和高速度，但我們可以控制自己的生活節奏，在節假日，我們放下手中的工作，讓自己融入大自然中，大自然會敞開懷抱，把日月星辰、山山水水、花草樹木、飛禽走

獸、空氣海洋無私地賜給你。如果你熱愛它、親近它，就能與其和諧相處，並且擁有萬貫金錢也買不到的健康。

一位名為「書中仙客」的網友在自己的博客中這樣寫道：

平時在都市裡生活，我看慣了摩天的大廈，厭倦了讓人窒息的、熙熙攘攘的街道。緊張忙碌的工作常常使我焦慮，機械的上下班模式，影響了自己的生活情趣，導致我睡眠品質差，白天恍恍惚惚的，精神萎靡，感覺渾身不自在。

下了車，我馳騁在鄉村的田野上，大口大口吸著大自然的「真氣」，享受著山水形成的天然「氧吧」，沐浴著陽光的愛撫，一下子我的精神振奮起來，思緒彷彿在白絮的柔雲上飄揚。我多麼希望自己能居住在依山傍水的村莊，白天田間耕耘以強身健體，夜晚點燭讀書以陶冶情操。遠離了名利場，別離了喧囂的城市，每天過著陶淵明式的日出日落田園生活，豈不快哉！我想，這種生活方式最閒雅、最詩意、最夢幻。我十分希望自己能在退休之後，隱居於山水之間，修成「正果」，不枉人生走一回。

如果我們只會工作、學習，不會享受生活，則是人生的一大遺憾。還記得陶淵明的那首流傳千古〈飲酒〉（其五）嗎？他淋漓盡致地描寫自然的美景和他對生活的態度，其中蘊含著何等恬然、又何等空靈、超脫的大境界？那種美妙真意只有每個人自己去體會了。如果

你能夠把陶氏慢生活的真意時刻放在心上，享受你的人生長途，體驗生命的大自在，那麼你就會發現，生活原來可以如此美好。

古代的詩人給我們留下了那麼多優美的田園詩篇，更為我們展示了一種田園的心態。其實，只要心裡是田園，那麼你就是身處田園了。讀詩，讀田園詩，在詩歌裡，我們可以看到田園的美麗風光，也可以讓自己的心靜下來，擁有一份閒適的心，是謂：「曖曖遠人村，依依墟里煙。狗吠深巷中，雞鳴桑樹顛」、「白日掩柴扉，對酒絕塵想。時復墟里人，披草共往來。相見天雜言，但道桑麻長」。

第十三課

行到水窮處，坐看雲起時

——放下浮躁，心安身安

人生要耐得住寂寞

即是寂寞，也有它的好處。人陷入寂寞總比身處喧鬧無用的社會中要好。

——文學家、語言學家林語堂

現代生活的節奏很快，不僅是人們匆匆奔波的腳步，就連吃飯都成了快節奏。在緊張與焦灼的節點下，心浮氣躁、急於求成幾乎成了現代人的特徵。人們已經變得很難讓自己沉下來，似乎靜下心來，認真地思考一下人生成了一件奢侈的事情。

剛剛大學畢業的小張是從農村出來的，開始走上工作崗位拿到的薪水還算不錯。但是，他給自己施加的心理壓力很大。他從小家境貧寒，父母終日在田地裡辛苦耕作，用省吃儉用積攢下來的錢供他讀書，因此他一直希望能夠有朝一日在城裡買房接父母來住。雖然他生活已經很節約了，但是每月將房租、飯錢、交通費、通訊費等這些生活必需費用扣除之後，幾乎所剩無幾。而城裡的房價飛漲，物價也在

上漲，都使他心境難以平靜。這就使他萌生跳槽的念頭，於是他開始四處搜集招聘信息，希望能夠跳到一家薪水更高的公司。可以想像，他萌生這個念頭的時候，就很難以專心工作。不久，他的上司就覺察出了他的問題，他做的方案漏洞百出、毫無新意，甚至出現很多錯別字，可以明顯看出是在敷衍了事，沒有用心去做。於是，上司找他談話，不料剛批評幾句。小張不僅沒有承認自己的問題，反而質問上司：「你給我這麼點的薪水，還希望我能做出什麼高水準的方案來！」上司這才意識到，小張原來的情緒源於薪水低。他並沒有生氣，反而平靜地告訴小張：「公司裡的薪水並不是一成不變的，只要你做出了業績，薪水自然會上去的。真正決定你薪水的不是公司、不是老闆。而是你自己。」但是，小張根本聽不進去，一怒之下，剛工作不到半年的他毅然決定辭職不做了。辭職後，他開始專心找薪水高的工作，憑著他的聰明才智，很快又應聘到另外一家公司，這家公司的薪水比之前的公司高出了一千元。這讓小張慶幸自己的跳槽非常明智。剛工作三個月，小張偶而從同事那裡瞭解到，同行業裡的另一家公司薪水普遍要比現在的公司要高。這使小張本來平靜的心又一次地波動起來。他又開始關注這家公司的消息。本來他所在的公司打算委任他一項重要的項目，要出差到外地的分公司半年，雖然辛苦，但是能夠為以後在公司的晉升奠定基礎。但是，小張一心想要跳到另一家公司，根本無心繼續待下去，拒絕了這個在別人看來千載難逢的好機會。於是，小張在公司老闆的眼裡就留下了不思進取的印象。在金融危機襲來的時候，公司裁員，小張不幸被裁掉。當他再去找工作的時候，幾乎所有的面試官都會問他同一個問題：「為什麼你在不到一年的時間就換了三份工作？」

小張為自己設定了一個遠大的目標，目標本身並沒有錯，而且是值得鼓勵。但是，實現目標的過程並不是一蹴而就的，要有一個厚積薄發的過程。即使面臨著很多誘惑，有的甚至觸手可及，但是要讓自己日後成功，就必須讓腳步走得紮紮實實，穩紮穩打，才會有更大的成功。

人淡如菊自飄香

　　「蒙娜麗莎」的微笑，即是微笑，笑得美，笑得甜，笑得有味道。生活也好，交友也罷，淡淡的，也同樣有味道。

　　　　　　　　　　　　　　　——文學家、語言學家林語堂

　　「人淡如菊」是一種平實內斂、拒絕傲氣的心境。人淡如菊，要的是菊的內斂和樸實。生活中不缺少激情，但是每個人的激情都是一剎那的事，生活終將歸於平淡，人終將歸於平淡，一如平實淡定的菊花。人淡如菊，不是淡得沒有性格，沒有特點，也不是「獨傲秋霜幽菊開」的孤傲和清高。人淡如菊，是清得秀麗脫俗，雅得韻致天然的一種遺世獨立的從容與淡定。人淡如菊是懂得捨得的灑脫。

　　人生多秋，總難以事事如意，且無法達到古風再現，畢竟紅塵俗事難了，僅有心定的意境卻還是能夠修到的。隨心，隨緣，隨遇，行到水窮處，坐看雲起時。落花無言而有言，人淡如菊心亦素。入眼處皆花，花落無聲。人亦淡泊自如，若同那菊。

一個流浪歌手，抱著一把電吉他，站在車水馬龍的街頭唱著一首叫不出名字的歌曲。一曲罷了。他說：「我六歲的時候知道自己得了先天性心臟病，這種病無法治癒。媽媽告訴我，以後不能太悲傷，也不能太高興，因為不論是悲傷還是高興，都會刺激心臟。」

　　他笑了，是那種淡得像水一樣的微笑。「但是，我還是想做一些努力，為自己籌一些錢，希望能到上海或者北京的大醫院去治療……」

　　他的歌唱得挺好的，人圍得越來越多，給的錢也越來越多。有一個人擠進人群，看了看流浪歌手，大聲對他說：「騙人的吧，街頭像你這樣的人多的是，誰知道你有沒有心臟病？」

　　流浪歌手的臉抽搐了一下，又淺淺地笑了。他說：「不是我選擇了此生，而是此生選擇了我。」

　　這是一種曠世的淡然情感。命運之潮非常強大，許多時候並非人力所能扭轉，「認命」並不見得是一件壞事。「不是我選擇了此生，而是此生選擇了我」，這樣笑對人生，才能把苦難放下，有責任地去面對多舛的命運。

　　生活應該是淡淡的，如菊般剛毅，如菊般純潔，如菊般瀟灑，如菊般自傲。不管外界是春夏秋冬，不管詭異或迷惑的眼光，一心堅持自己的理想。為美好的生活、為理想的人生怒放一生的芬芳，盡全力釋放人生裡極致的美麗。

大部分人的人生猶如平凡的菊花茶，沒有閃耀的光環，也不是什麼珍貴的品種。大部分人都可以品嘗擁有，不管你願意不願意，如果不努力，從一出生便注定要守著清貧，耐著平凡度過一生。但是菊花茶的人生清淡中透著甘甜，開始品嘗的時候或許會有些苦澀，但隨後而來的便是清淡的芬芳和耐人尋味的甜美。

　　生活，並不是只有功和利。儘管我們知道每個人必須奔波賺錢才可以生存，儘管我們知道生活中有許多無奈和煩惱。然而，只要我們捨棄功利，擁有一份淡泊之心，量力而行，坦然自若地去追求屬於自己的真實，能做到寵亦泰然，辱亦淡然，有也自然，無也自在，如淡月清風一樣來去不覺。生活，也可以如此輕鬆。

人忙，心不忙

在疲勞中需要短時間的歡笑，在絕望中需要寄託的快樂，在緊張的工作後需要放鬆一下胸懷。

——古文字學家、考古學家陳夢家

「人忙心不忙」，這句話簡簡單單，卻又給忙碌的現代人無盡的啟示。

無論男女，在農村也許因季節的變化，你會享受片刻的休息時光，但是一旦來到城市這個大機器裡，你要想生存，必須把自己變成一顆螺絲釘，隨著城市一起運轉；否則，你只能是被城市所拋棄。

但是，如果你單純用忙碌來填充自己的人生，那你的人生就只剩下了一種顏色——灰色。現代社會中工作帶來的壓力、在社會生活中的人際關係，會讓你倍感焦灼，於是漸漸地，你就會陷入亞健康狀態。很多現代人都有這種狀態，這時，你就要轉換對生活的態度，首先要把工作作為一種興趣，帶著激情去工作、去生活。

美國石油大王洛克菲勒就是由衷地熱愛自己的事業。

他曾這樣說：「我永遠也忘不了我做的第一份工作——簿記員的經歷。那時，我雖然每天天剛亮就得去上班，而辦公室裡點著的鯨油燈又很昏暗，但那份工作從未讓我感到枯燥乏味，反而很令我著迷喜歡，連辦公室裡的一切繁文縟節都不能讓我對它失去熱心。而結果是雇主總在不斷地為我加薪。」

他還說：「我從未嘗過失業的滋味，這並非我的運氣好，而在於我從不把工作視為毫無樂趣的苦役，我能從工作中找到無限的快樂。」

洛克菲勒在給兒子的信中，也這樣說：「如果你視工作為一種樂趣，人生就是天堂；如果你視工作為一種義務，人生就是地獄。」

若想人生不變成地獄，就請牢記這句話：視忙碌為一種樂趣。在當下生活中忙碌的同時，你還要學會享受生活，把生活當作一門藝術來看，隨時放慢自己前行的腳步，讓你的心鬆口氣，你將收穫別樣的風景。

俗話說：「磨刀不誤砍柴工。」悠閒與忙碌並不矛盾。處理好二者的關係，最重要的是要能拿得起、放得下。忙碌時要全身心投入；放鬆時要徹底放鬆，不要總是對未完成的事情牽腸掛肚。

其次我們應該調配好我們的生活，隔三差五地安排一個小節目，比如雨中散步、周末郊遊等。適時地忙裡偷閒，可以讓人從煩躁、疲憊中及時擺脫，從而獲得內心的平靜和安詳。

人的心靈就是一方廣袤的天空，它包容著世間的一切；心靈是一片寧靜的湖水，偶而也會泛起陣陣漣漪；心靈是一塊皚皚的雪原，它輝映出一個繽紛的世界。塵世間，無數人眷戀轟轟烈烈，為了金錢或者為了名利聚集在一起互相排擠、相互廝殺。而生活的智者卻總能留一江春水細浪淘洗勞碌之身軀，存一顆閒靜淡泊之心，寄寓靈魂。行走在職場的你更需要這樣的一種心境，別忘了：人忙，心不能忙。

享受快樂「慢生活」

為人要從絢爛歸於平淡，返璞歸真。也就是說一個人不要沉迷於繁華，至少不應該太過分，要講究一個「素」，也就是平淡。

——著名學者南懷瑾

「慢生活」並非讓你放棄自我、無所事事，它與物質的富有程度也沒有多大關係，「慢生活」中的「慢」更多的是一種健康的心態、一種積極的生活態度。對我們普通人來說，每一天都是當「慢人」的好時候，只要你運用得當，做個有品位、有資本的「慢人」絕不是什麼難事，更不是什麼壞事。

艾瑪・蓋茨博士是美國大教育家、哲學家、心理學家、科學家和發明家，他在藝術領域和科學領域有許多突出的成就。

拿破崙・希爾曾帶著介紹信前往蓋茨博士的實驗室去見他。當希爾到達時，蓋茨博士的秘書告訴他說：「很抱歉……這時候我不能打擾蓋茨博士。」

「要過多久才能見到他呢？」希爾問。

「我不知道，恐怕要三個小時。」她回答。

「那麼你能告訴我原因嗎？」

她遲疑了一下然後說：「他正在靜坐冥想。」

希爾忍不住笑了：「那是什麼意思啊──靜坐冥想？」

她笑了一下說：「最好還是請蓋茨博士自己來解釋。我真的不知道要多久，如果你願意等，我們很歡迎；如果你想以後再來，我可以留意，看看能不能幫您約一個時間。」

於是希爾決定留下來，而且他也發覺這個等待是多麼的有價值。下面是希爾所描述的情形：當蓋茨博士終於走進房間裡時，他的秘書給我們介紹，我開玩笑地把他所說的話告訴他，在他看過介紹信以後高興地說：「你想不想看看我靜坐冥想的地方，並且瞭解是怎麼做的？」

於是他領我到一個隔音的房間去，這個房間裡唯一的傢俱是一張簡樸的桌子和一把椅子，桌子上放著幾本白紙簿、幾支鉛筆以及一個可以開關電燈的按鈕。

從談話中我慢慢得知：蓋茨博士每次遇到棘手的問題時，就走到這個房間來，關上房門坐下，熄滅燈光，讓全部心思進入深沉的集中狀態。他就這樣運用「集中注意力」的方法，要求自己的潛意識給他一個解答。等整個思路比較清晰明瞭時，他就會立刻抓緊時間把它記錄下來。

艾瑪‧蓋茨博士曾經把別的發明家努力過卻沒有成功的發明重新研究，使它盡善盡美，因而獲得了二百多項專利，他就是能夠加上那些欠缺的部分──另外的一點東西。

在忙碌的現代社會，只有放慢腳步才能找到生活的美，才能在自己的生活體驗中發現新的深度。漫步在幽深的小路上，呼吸著清新的空氣，透過林蔭，懷著一種悠閒的心情細數陽光灑在地上碎石般的條紋，或者閉上眼睛，感受撲面而來的淡淡花香。仰天長望，幾朵白雲在輕輕地飄；哼一首無名的小曲，默念一首小詩。這些都會讓你充分地感受到生活之美。

「慢」，生活和工作之間的一個美麗的平衡點；慢生活，一種有條不紊、有張有弛的生活節奏。從現代社會的快節奏生活中「慢」下來，以平和的心態面對生活中的各種壓力和誘惑，也許你會損失金錢，但你卻豐富了生命。

生活就像一盞燈，把腳步放慢一些，燈就被點著了，點亮的燈會照亮生活中原本十分平凡的瞬間。而那些太過實際的人，永遠只會被生活所累，看不到生活中最精彩動人的細節。慢下來，細心欣賞一朵花的盛開，沉醉於一陣微風掠過，細想人生百味，咀嚼生活點滴，是何其簡約和透澈的事情。

第十四課

謝忱生活，且行且珍惜

——感恩是一種修行

不只是在感恩節裡才有感恩

▍大師如是說

我看見過一些獨特的男男女女，他們打扮摩登，言語不俗，但他們對他人、對社會的態度卻令我不解。那樣修養的人，為什麼不能對他人甚或自己表示一種感恩的情誼呢？

——文學家、語言學家林語堂

無論是你的朋友、你的親人，還是你的愛人，無論你們有多大的誤會，無論再怎麼忙碌，在空閒的時間，或者在過節的時候互相問候一聲，哪怕只是一句：你現在過得好嗎？掛了電話，遠方也會多了一份牽掛，多了一份想念，多了一份思念。不要等到人情生疏了，也不要等到電話號碼都忘記了，才想到有這麼一位朋友在成長的路上幫助過你，才想到有這麼一位親人在你沮喪的時候鼓勵過你，才會想到有這麼一個曾經愛過的人和你一起經歷了刻骨銘心的歷程。

一個人的心中，時時處處想著別人，關心別人，感恩別人，那麼這個人的內心就一定光明普照。

古人說：一亮驅除千年暗。生命的智慧就是我們親手點燃的火把，智慧的光明才會使我們心中不再有黑洞。

一六二〇年，一百多位清教徒乘坐「五月花」號船到美國去尋求宗教自由。在寒冷的十一月，他們在現在的麻塞諸塞州的普利茅斯登陸。

之後，他們受盡苦難，半數以上的移民死於飢餓和傳染病，到春天來臨時，只剩下五十多人。善良的印第安人給移民們送來了生活必需品，還教他們怎樣狩獵、捕魚和種植。第二年，他們獲得了豐收。為了感謝上帝的恩典和印第安人的幫助，大家決定要選一個日子來感謝這一切。

一七八九年，華盛頓總統在就職聲明中宣佈感恩節為美國正式節日。

一八六三年，美國總統林肯又宣佈每年十一月的最後一個星期四為感恩節。

一九四一年，美國國會通過每年十一月的第四個星期四為感恩節。於是，在美國，感恩節以法律的形式固定下來。

感恩節一年只有一天，但感恩的心卻是每天都需要的。感恩，是一個人的人生態度。如果你學著每天都感恩，以感恩的態度面對每一件事，你就會發現生活中不如意的事越來越少，而值得你快樂和感激的事情越來越多。

生活是快樂的，不管有多少困難，現實總是在矛盾中不斷前進。

在這個世界上，實在有太多的東西值得我們去感謝。善待親人，善待同事，善待社會，善待自然。還有一點必不可忘，那就是生前盡孝、薄葬厚養，因為日常的善念善舉是對祖宗最好的祭拜，把自己的收穫記在曾給自己生命、培育自己成人的長輩身上，那便是最好的供品了。

不要說太忙，那是沒有勇氣說出感激話語的藉口，不要說怕打擾他人的生活，那是自己害怕別人誤會自己有其它目的，每個人都有寂寞的時候，都需要來自遠方的問候。再忙，也要問候一聲，讓朋友、親人、愛人聽聽自己的聲音也好。因為沒有誰希望自己被別人忽略。再忙，也要問候一聲，朋友、親人、愛人在你問候的時刻心情會很好，好心情同樣會感染你的心情。再忙，也要問候一聲，拿起手中的手機，撥打熟悉的號碼，你的心跳你聽到了嗎？或者發一則短信，牽掛是不是就讓快樂同時出現了呢？

感恩，是一種高貴的品質，正因為有了感恩，才創造出了和諧的社會。一個感恩的民族是值得尊重的，它是你我生活中的一根準繩，是建設和諧社會的一瓶催化劑，是人類幸福指數攀升的一個標誌。

及時對人說「謝謝」

▌ 大師如是說

有人對我們做了壞事，要幫助他改正錯誤，有人幫助了我們，我們要感謝他，再以同樣的方式去幫助別人。這樣的關係才是和諧的人際關係。

——東方學大師、北大終身教授季羨林

感恩是美麗的字眼，是一種深刻的感受，能夠增強個人的魅力，開啟神奇的力量之門，發掘出無窮的智慧。感恩也像其它受人歡迎的特質一樣，是一種習慣和態度，我們必須真誠地感激別人，而不只是虛情假意刻意奉承。

感恩和慈悲是近親。時常懷有感激之心，我們會變得謙和、可敬且高尚。

「謝謝你」、「我很感謝」，這些話要經常說。以質樸的方式表達我們的感謝之意，這比任何物質性的禮物更可貴。

感恩之情是滋潤生命的營養素，使我們的生活充滿芳香和陽光。

一個不懂得感恩的人，即使家財萬貫，也仍是個精神上貧窮的可憐人。懂得報恩，才是天下最富有的人。

　　有兩個人，死後都想上天堂，可是不知道路怎麼走，於是他們去問上帝。上帝見他們饑腸轆轆，就給了他們每個人一份食物。一個人接過食物後很感激地連聲道謝，另一個人面無表情，接過食物就大口地吃了起來，彷彿那份食物是理所應當的。兩個人吃完食物，上帝讓道謝的那個人上了天堂，這時，另一個人不解地問：「為什麼他能上天堂，而我不能？」

　　上帝回答他：「因為你剛才接受食物的時候沒說『謝謝』。」

　　「我不就是忘記了說聲『謝謝』嗎，差別為什麼會這麼大？」他很不服氣地問。

　　上帝說：「一個不懂感恩的人是不會說『謝謝』的。而上天堂的路是用感恩的心鋪成的，天堂的門要用感恩的心才能打開。」

　　如此簡單的「謝謝」為他開啟了天堂之路，這便是感恩的真正意義。感恩已被芸芸眾生遺忘，丟進某個角落，在那裡堆積、塵封了起來。我們只在乎自己的利益得失，而忘記了我們永遠不可能孤身取得幸福。如果大自然不賜予我們陽光雨露，周圍的人不給予我們愛與支持，我們永遠不可能成功；如果整個社會只有冷漠，我們即使成功也

不會感到幸福。一個人如果缺少感恩之心，必然會導致人際關係的冷漠，也不會有真正的快樂。

　　常懷感恩之心，常說謝謝，便能取得無限成果。對我們而言，生活總是快樂的，不管有多少困難，現實總是在矛盾中不斷前進。

別把父母的付出當作理所當然

當兒女的，實在應該動一下憐憫之心，說幾句感恩的話吧，做幾件感恩的事吧——即使是小動作也價值連城，不要總是等到懺悔已沒有用的時候，才一把鼻涕一把眼淚地去懺悔。

——人文大師，著名作家柏楊

有一位阿拉伯詩人說過：「我們的孩子是行走在天地間的心肝。」如果你沒有身為父母的親身體驗，即使你讀過一千次，也未必能讀出父母的感受。父母之愛是世界上最偉大的愛。孩子是父母的心肝，一旦他們不在，父母就會感到空寂失落。

一位知名學者曾寫下這樣的文字：

當你一歲的時候，她餵你吃奶並給你洗澡，而作為報答，你整晚地哭著；當你三歲的時候，她憐愛地為你做菜，而作為報答，你把一盤她做的菜扔在地上；當你五歲的時候，她給你買既漂亮又貴的衣

服，而作為報答，你穿著它到泥坑裡玩耍；當你七歲的時候，她給你買了球，而作為報答，你用球打破了鄰居家的玻璃；當你九歲的時候，她付了很多錢給你輔導鋼琴，而作為報答，你常常曠課並不去練習；當你十五歲的時候，她下班回家想擁抱你一下，而作為報答，你轉身進屋把門插上；當你十八歲的時候，她為你高中畢業感動得流下眼淚，而作為報答，你跟朋友在外聚會到天亮；當你十九歲的時候，她付了你的大學學費又送你到學校，你要求她在遠處下車怕同學看見笑話你；當你二十三歲的時候，她給你買傢俱布置你的新家，而你對朋友說她買的傢俱真糟糕；當你三十歲的時候，她對怎樣照顧小孩提出勸告，而你對她說：「媽，時代不同了。」當你四十歲的時候，她給你打電話，說親戚過生日，而你回答：「媽，我很忙沒時間。」當你五十歲的時候，她常患病，需要你的看護，而你卻在家讀一本關於父母在孩子家棲身的書；終於有一天，她去世了。突然，你想起了所有該做卻從來沒做過的，它們像榔頭一樣痛擊著你的心。

如果說愛是一種力量，那麼，父母之愛絕非塵世間普通的力量，而是一股吸恒星之剛強、納星月之柔腸、萃狂風暴雨、取閃電驚雷，日積月累逐漸形成的超自然神力。對父母而言，愛的付出不是一種責任，而是一種本能。因此，不管孩子是如何地回報，他們都會忠貞於生生不息的父母之愛，讓生命的光在孩子身上輝映。

許多時候，我們對抗著、逆反著、叛離著父母，長大了，又因為懶惰或是一心追求名利，忽略了親情，忽略了日漸年邁的父母，忽略

了雙親望眼欲穿的牽掛。千金散去還復來，親情逝去永不返，年輕時我們總以為來日方長，卻忘記了父母已經黃昏遲暮。說不定哪天，我們正為抓住賺錢的機會而忙得天昏地暗的時候，卻驚悉自己永遠失去了至愛的親人。所以，天下兒女們，找點空閒，常回家看看，或是認真地告訴雙親：「好想你們！」這些許的點滴將會使他們獲得莫大的慰藉和滿足。子欲養而親不在，是世上最痛徹心扉的愧疚和遺憾。

父母是為你付出最多的人，也是你永遠的牽掛、心靈的港灣，所以不要把父母的付出當作理所當然，不要等到失去了，才覺得珍貴而悔恨不已。為人子女者，應該珍惜這份偉大的愛，常回家看看，盡自己的孝道，以回報父母無私的愛。

感謝給我們帶來苦難的生活

▌大師如是說

經過多久的敲打，樹苗才能長成大樹。滋潤很難孕育出成功。

——文學家、語言學家林語堂

泥濘的路才能留下腳印，世上芸芸眾生莫不如此。那些一生碌碌無為的人，不經風不沐雨，沒有起也沒有伏，就像一雙腳踩在又坦又硬的大路上，腳步抬起，什麼也沒有留下；而那些經風沐雨的人，他們在苦難中跋涉不停，就像一雙腳行走在泥濘裡，他們走遠了，但腳印卻印證著他們行走的價值。

在一次十大傑出青年的座談會上，人們的發言都挺精彩，但大多冗長。該他上臺時，已過了預定的會議結束時間，於是主持人宣佈讓他講三分鐘。他的開場白是：「日本有個阿信，臺灣有個阿進，阿進就是我。」接著，他給大家講了自己的故事：他的父親是個瞎子，母親也是個瞎子且弱智，除了姐姐和他外，幾個弟弟妹妹也都是瞎子。瞎眼的父親和母親只能當乞丐，住的是亂墳崗裡的墓穴，他一生下來

就和死人的白骨相伴，能走路了就和父母一起去乞討。他九歲的時候，有人對他父親說，你該讓兒子去讀書，要不他長大了還是要當乞丐。父親就送他去讀書。上學第一天，老師看他髒得不成樣子，給他洗了澡。為了供他讀書，十三歲的姐姐不得不外出工作掙錢。照顧瞎眼父母和弟妹的重擔落到了他小小的肩上——他從不缺一天課，每天一放學就去討飯，討飯回來就跪著餵父母。母親每次來月經，甚至都是他為母親換草紙。後來，他上了一所中專學校，還獲得了一個女同學的愛情。但未來的丈母娘卻說「天底下找不出他家那樣的一窩人」，把女兒鎖在家裡，用扁擔把他打出了門……

故事講到這裡就停了，他說，由於時間的關係，今天就到此為止。這時，他提高了聲音：「但是，我要說，我對生活充滿感恩之心。我感謝我的父母，他們雖然瞎，但他們給了我生命，至今我都還是跪著給他們餵飯；我還感謝苦難的命運，是苦難給了我磨煉，給了我這樣一份與眾不同的人生；我也感謝我的丈母娘，是她用扁擔打我，讓我知道要想得到愛情，我必須奮鬥、必須有出息……」他就是臺灣第三十七屆十大傑出青年，一家專門生產消防器材的大公司的廠長——賴東進。

「羅馬不是一天建成的」，任何一個偉大事業完成的背後，總有不少感天動地的故事。而故事中的「英雄」、「偉人」、「名人」，在不為人知的歲月裡，花了許多寶貴的時間，流了許多辛勤的汗水！

我們不要只羨慕鮮花的芬芳，沒有泥土的滋養，它們也沒有綻放

的機會。一分耕耘，總有一分收穫，泥濘的道路上布滿勤奮的腳印，路的那一端才能真正地通向成功。作為一個現代人，應做好迎接挑戰的心理準備。世界充滿了機遇，也充滿了風險。要不斷提高自我應付挫折的能力，調整自己，增強社會適應力，堅信挫折中蘊含著機遇。

生命中沒有逆境，也就無法使才能與智慧獲得增長。如果你想採摘玫瑰，就不要怕被刺扎破手指。人的一生中不可能只有成功的喜悅而沒有遭受挫折的痛苦，一個人如果能在失望中與絕望中看到希望，抓住新生，他就已經獲得了一半的成功。

第十五課

消減無用的語言，享受平和

——在不抱怨的圍城裡親吻

不如意的生活才是正常生活

▌ 大師如是說

　　當你埋怨下過雨的路面泥濘難行，為什麼不抬起頭，看看滿眼的
星光，正為你照亮腳下的路？

　　　　　　　　　　　　　　　　　——文學家、翻譯家梁實秋

　　不斷抱怨的人，只會詛咒過去的失敗，而不會積極地向前尋求解
決的方法，所以他們離成功越來越遠。在職場中，抱怨已經是一種普
遍的現象，我們總能聽到這樣那樣的抱怨。抱怨者總是把失敗的原因
歸到公司和老闆身上，他們往往抱怨自己的機會少，懷才不遇，甚至
是命運不公，卻從不在自己的身上找原因。一味地怨天尤人，牢騷滿
腹。

　　鄧亞萍這個名字在中國可謂家喻戶曉，自她一九八六年拿到第一
個全國乒乓球錦標賽的冠軍開始，到一九九七年五月的第四十四屆世
界乒乓球錦標賽，在短短的十一年間，她一共在各種全國性和世界性
乒乓球大賽中拿到一百五十三個冠軍，但是從鄧亞萍的成長之路來
說，卻坎坎坷坷，歷盡磨難。

她的父親當時在河南鄭州市體委任乒乓球教練，他認為女兒是一塊搞體育的好材料。於是，父親便精心地培養自己的女兒。五年過去了，鄧亞萍在父親的教導下，乒乓球技術已達到上等水準。

父親將她送到河南省乒乓球隊去深造。然而，之後不久，卻因為個兒矮、手臂短，沒有發展前途而被退了回來。但是在父親的鼓勵下，倔強的鄧亞萍並未因此而怨天尤人，相反的，她更加刻苦地練習。

一九八六年是鄧亞萍人生重大轉折的一年。那一年，年僅十三歲的她臨時頂替河南省代表隊一名生病的運動員參加全國乒乓球錦標賽。這個名不見經傳的矮個姑娘爆出了此屆乒乓球賽的最大冷門：擊敗了當時很有名氣的國手，一舉登上了冠軍寶座。

賽後，這位曾被判為「無發展前途」的小姑娘，成了當時國家乒乓球隊副總教練、女隊主教練張燮林的一名女弟子。從此，鄧亞萍經過多次大賽的歷練，最終登上了國際乒壇女霸主的寶座。

鄧亞萍有一段描述自己心理感受的話，她說：「我並不相信命。每個人的命運都掌握在自己手裡。有人說我命好，為世界乒壇創造出了一個『常勝將軍』的奇蹟。我覺得，我可能天生就是打乒乓球的命，但上帝不會將冠軍的桂冠戴在一個未真誠付出汗水、淚水、心血和智慧的運動員身上，我自己滿身的傷病就是最好的證明。」

抱怨解決不了任何問題，抱怨恰恰是滋生一切問題的根源，只知道抱怨的人永遠不能獲得成功。

尼采曾說：「失敗者沒有悲觀的權利。」從鄧亞萍的成功經歷我們可以看到，當受到打擊或不公平待遇的時候，抱怨不能讓你成功，只有堅忍不拔地走自己的路，才能證明自己的價值。

坦然面對問題，才能解決問題

> 天下固無無阻力之事也。
>
> ——思想家、史學家、文學家梁啟超

在現實中，我們難免要遭遇挫折與不公正待遇，每當這時，有些人往往會產生不滿，不滿通常會引起牢騷，希望以此引起更多人的同情，吸引別人的注意力。從心理角度上講，這是一種正常的心理自衛行為。但這種自衛行為會削弱責任心，降低工作積極性，這幾乎是所有人為之擔心的問題。

通往成功的征途不可能一帆風順，遭遇困難是常有的事。事業的低谷、種種的不如意讓你彷彿置身於荒無人煙的沙漠，沒有食物也沒有水。這種漫長的、連綿不斷的挫折往往比那些雖巨大但卻可以速戰速決的困難更難戰勝。在面對這些挫折時，許多人不是積極地去找一種方法化險為夷，絕處逢生，而是一味地急躁，抱怨命運的不公平，抱怨生活給予他的太少，抱怨時運的不佳。

奎爾是一家汽車修理廠的修理工，從進廠的第一天起，他就開始喋喋不休地抱怨，「修理這活太髒了，瞧瞧我身上弄的」，「真累呀，我簡直討厭死這份工作了」……每天，奎爾都有是在抱怨和不滿的情緒中度過。他認為自己在受煎熬，像奴隸一樣賣苦力。因此，奎爾每時每刻都竊視著師傅的眼神與行動，稍有空隙，他便偷懶耍滑，應付手中的工作。

轉眼幾年過去了，當時與奎爾一同進廠的三個工友，各自憑著精湛的手藝，或另謀高就，或被公司送進大學進修，獨有奎爾，仍舊在抱怨聲中做他討厭的修理工。

抱怨的最大受害者是自己。生活中你會遇到許多才華橫溢的失意者。但他們更多的是抱怨老闆不識才，牢騷一大堆。殊不知這就是問題的關鍵所在——吹毛求疵的惡習使他們丟失了責任感和使命感，從而使自己發展的道路越走越窄。他們與公司格格不入，只好被迫離開。你如果不相信，你可以立刻去詢問十個對工作充滿怨言的人，問他們為什麼沒能在工作中有所成就，至少有九個人抱怨舊上級或同事的不是，絕少有人能夠認識到自己的不足。

仔細觀察任何一個管理健全的機構，你會意識到，沒有人會因為喋喋不休的抱怨而獲得獎勵和提升。這是再自然不過的事了。想像一下，船上水手如果總不停地抱怨：這艘船怎麼這麼破，船上的環境太差了，食物簡直難以下嚥，以及有一個多麼愚蠢的船長。這時，你認為，這名水手的責任心會有多少？對工作會盡職盡責嗎？假如你是船長，你是否敢讓他承擔重要的工作？

如果你受雇於某個公司，就發誓對工作竭盡全力、主動負責吧！只要你依然還是整體中的一員，就不要譴責它，不要傷害它，否則你只會詆毀你的公司，同時也斷送了自己的前程。如果你對公司、對工作有滿腹的牢騷無從宣洩時，那就選擇離開吧，到公司的門外去宣洩，當你選擇留在這裡，就應該做到在其位謀其政，全身心地投入到公司的工作上來，為更好地完成工作而努力。記住，這是你的責任。

總盯著痛處，就看不到光明

用笑臉來迎接悲慘的厄運，用百倍的勇氣來應付一切的不幸。

——文學家、思想家魯迅

不管是工作還是生活，很多人總是在抱怨中度過。愛抱怨的人總是不懂得控制這種不良的情緒，為此給自己帶來了諸多的麻煩。下面案例中，王寧就是其中的一位。

「煩死了，煩死了！」一大早就聽王寧不停地抱怨。一位同事皺了皺眉頭，不高興地嘀咕著：「本來心情好好的，被你一吵也煩了。」

王寧是公司的行政助理，事務繁雜，可誰叫她是公司的管家呢，事無鉅細，不找她找誰呢？其實，王寧性格開朗，工作起來認真負責，雖說牢騷滿腹，該做的事情，一點兒也不曾拖延。設備維護、辦公用品購買、交通信費、買機票、訂客房……王寧整天忙得暈頭轉

向，恨不得長出八隻手來。再加上為人熱情，中午懶得下樓吃飯的人還請她幫忙帶外賣。

剛交完電話費，財務部的小李來領膠水，王寧不高興地說：「昨天不是來過嗎？怎麼就你事情多，今兒這個、明兒那個的？」抽屜開得劈裡啪啦，翻出一個膠棒，往桌子上一扔，說：「以後東西一起領！」小李有些尷尬，又不好說什麼，忙賠笑臉說：「你看你，每次找人家報銷都叫親愛的，一有點事求你，你臉馬上就長了。」

大家正笑著呢，銷售部的王娜風風火火地衝進來，原來影印機卡紙了。王寧臉上立刻晴轉多雲，不耐煩地揮了揮手說：「知道了。煩死了！和你說一百遍了，先填保修單。」王寧單子一甩，接著說：「填一下，我去看看。」

王寧邊往外走邊嘟囔：「綜合部的人都死光了，什麼事情都來找我！」對桌的小張氣壞了：「這叫什麼話啊？我招你惹你了？」

態度雖然不好，可整個公司的正常運轉真是離不開王寧。雖然有時候被她搶白得下不來臺，也沒有人說什麼。怎麼說呢？她不是應該做的都盡心盡力做好了嗎？可是，那些「討厭」、「煩死了」、「不是說過了嗎」……實在是讓人不舒服。特別是同辦公室的人，王寧一叫，他們頭都大了。「拜託，你不知道什麼叫情緒污染嗎？」這是大家的一致反應。

年末的時候公司民主選舉先進工作者，大家雖然覺得這種活動老套可笑，暗地裡卻都希望自己能榜上有名。獎金倒是小事，誰不希望

自己的工作得到肯定呢？領導們認為先進非王寧莫屬，可一看投票結果，五十多份選票，王寧只得十二票。

有人私下說：「王寧是不錯，就是嘴巴太厲害了。」王寧很委屈：「我累死累活的，卻沒有人體諒……」

抱怨的人周圍有一個壓抑的氣場，帶有巨大的負能量，它不僅會使周圍的人厭煩，還會使自己心情不爽。一旦養成經常抱怨的習慣，不但會使自己的人際關係變得糟糕，還會影響到自己的工作。

就像王寧一樣為工作付出了那麼多，還是得不到大家的認可。有時抱怨，的確可以使人心情得到舒解，有益健康；但如果抱怨太多，只會給自己和他人帶來麻煩，對於解決問題沒有半點助益。只有停止抱怨，才能發現工作和生活中的閃光點，使我們周圍的人際關係變得更加祥和、美好。

上進心才是成功的保證

▌大師如是說

　　其實哪一個人在人生坎坷的路途上不有過顛躓？哪一個不再憧憬那神聖的自由的快樂的境界？不過人生的路途就是這個樣子，抱怨沒有用，逃避不可能，想飛也只是一個夢想。

——文學家、翻譯家梁實秋

　　「事情怎麼會這樣呢？真是煩人！」「我這次考試沒考好，全都怪昨天晚上……」「考題出成這樣，老師根本就是在為難我們。」「太討厭了……」這是不是你經常掛在嘴邊的話？心情不愉快的時候，這些抱怨的話好像是不經過大腦就到嘴邊了。然後心情會變得很沮喪。

　　其實，抱怨只是暫時的情緒宣洩，它可做心靈的麻醉劑，但絕不是解救心靈的方法。抱怨是人性中的一種自我防衛機制，抱怨的人總覺得自己是最正確且最不幸的，而所有的不幸和痛苦都是拜他人所賜。

　　一般來說，抱怨的人會經常發牢騷，將自己的失敗歸咎於外部原因。羅曼‧羅蘭說過，只有將抱怨環境的心情化為上進的力量，才是

成功的保證。總是指責他人，認為別人沒有將事情做好；為自己的錯誤做出種種狡辯，卻不反思自己；對一些不可抗拒的自然狀況不能坦然接受，反而進行埋怨和詛咒。比如抱怨夏天太短冬天太長，抱怨颶風，抱怨下雨，等等；遇到困難和問題時只會向人訴苦，而不懂得應該盡快解決。

白白有這樣一位朋友：家庭生活條件很好，但是就有一個使人很不舒服的習慣——愛抱怨。在白白的印象裡，他的這位朋友好像從來就沒有過順心的事，什麼時候與他在一起，都會聽到他在不停地抱怨。高興的事他拋在了腦後，不順心的事他總掛在嘴上。每次見到白白就抱怨自己所謂的不如意，結果他把自己搞得很煩躁，同時也把白白搞得很不安，白白甚至有點不願見到他。

你周圍有沒有這樣的有毒朋友？他總在不停地抱怨。其實，他所抱怨的也並不是什麼大不了的事，只是一些日常生活中經常發生的小事情。

生活中有些人就像白白的朋友一樣，把每件不稱心的小事都堆積在心裡、掛在嘴上，自己的心態、情緒也因此變得很糟。不難想像，在這樣一種精神狀態下，他犯錯誤的機率自然要比別人高，許多新的煩惱又在後邊等著他，那麼他又開始新一輪的抱怨─沮喪─出錯─倒楣……他自己還不明白：我運氣為什麼總是這樣差？那些能力不如我的人為什麼做得總比我好？他們為什麼會比我順利？

我們常用「萬事如意」、「一切順利」等詞語來表達祝福，但我們也要清醒地認識到，那只是一個美好的祝願而已，現實的生活中怎麼可能會事事如意呢？我們不可能保證事事順心，但可以做到坦然面對，該放則放，不要把一些垃圾總堆在心裡，把烏雲總佈在臉上，把牢騷總掛在嘴邊，否則你自己會一直是個倒楣蛋，周圍的朋友也會覺得你煩人。

抱怨不會為你帶來多少正面的效益。與其整日抱怨，倒不如想辦法來解決問題。抱怨不僅會讓別人厭煩，也會讓自己心煩，對於解決問題沒有半點助益。

第十六課

享用達觀心境，倍增生命效率

——以欣賞之心看待他人接納自己

學會自我欣賞，就是享用達觀的心境

▌大師如是說

一個人如果是強者，他就會珍視自己的價值，並以此去擔當責任，更努力地造福別人。

——人文大師、著名作家柏楊

歐伯曼說過，對於宇宙而言，我是無足輕重的；但對我自己而言，卻是一切。宇宙是無窮的，時空是無盡的，你是時空大海裡的一根小小的銀針，可是你又是獨一無二的，這多麼彌足珍貴！而時空的前進難道不是由一個個小小的生命個體彙聚起來推動的嗎？這又是一件足以讓你驕傲的事情。

一個人生命的初始可以說是「赤條條來」，很純淨，不含功名，不含貪欲，後來隨著生命不斷成長的經歷，你會得到很多東西，比如親情等人類最高尚的情感，比如知識等可以充實你生命的東西，甚至是頭銜、身份、財產等身外之物，這時候你就要學會正確地認識你所擁有的這些東西。你是宇宙間雖普通卻獨特的生命，世界上不會有第二個你，而你的身上又必定有著異於他人的地方；別人喜歡你愛你是

上天賜予的，你要肯定自己並因此而珍惜，知識豐富你的情感、充盈你的內涵，卻也是在為你的生命服務，更不用說那些頭銜、身份、財產等物，它們雖讓你顯貴，卻終是由你的努力換來並要求你用之或為自己或為別人服務……

有這樣一則禪宗故事：

三個愁容滿面的信徒請教無德禪師，如何才能使自己活得快樂？

無德禪師：「你們活著是為了什麼？」

信徒甲：「我不願意死，所以我活著。」

信徒乙：「我盼望年老時兒孫滿堂，一切都比今天好，所以我活著。」

信徒丙：「我的一家老小靠我養活，我不能死，所以我活著。」

無德禪師：「你們當然都不會快樂。你們活著，只是由於恐懼死亡，由於等待年老，由於不得已的責任，卻不是由於理想、責任。人沒有理想和責任，怎麼可能快樂呢？」

三位信徒齊聲道：「禪師，具體地說，我們到底要怎麼生活才能快樂？」

無德禪師：「你們認為有什麼才會快樂？」

信徒甲：「我認為，有金錢就會快樂。」

信徒乙：「我認為，有愛情就會快樂。」

信徒丙：「我認為，有名譽就會快樂。」

無德禪師聽後，不以為然地告誡信徒：「你們這樣永遠不會快樂。當你們有了金錢、愛情、名譽以後，煩惱憂慮仍然會跟在你們後面。」

三位信徒無可奈何：「那怎麼辦？」

無德禪師：「改變你們的觀念。金錢要布施才快樂，愛情要奉獻才快樂，名譽要服務大眾才快樂。只有明白了這些道理，你們才會得到真正的快樂。」

物質並不是每個人生活的全部，它只是支持生命存在的附庸，從某種角度上講，物質的確會在一定程度上影響到一個人的生活品質，可是僅僅有了它我們就會快樂嗎？現實生活告訴我們答案是否定的。

我們須珍惜生命中被很多人所忽視的東西，例如你自身的獨特，而珍惜與欣賞的前提是達觀的心境。首先我們得承認現實，不逃避也不幻想，客觀地認識它；其次要一切向前看，擁有達觀的心境不是指安於當前的生活，它是指一個人不會糾結於生活中不足掛齒的小事，用豁達的心追求更高層次、更有意義的生活。在這個過程中，我們的自我價值及自我認識也會得到前所未有的發展。

詩意的生活，就是領略眼前的風景

　　越是柔韌的東西越不容易摧折，越是詩性的生活，越容易創造價值。

——文學家、翻譯家梁實秋

　　如何讓生活過得有滋味、有詩意？現代人在忙碌之餘，也對個人生活品質提出了更高的要求。拿孔子來說，有人指出「孔子是靠趣味去生活的」。

　　世人對孔子的定位總是憂國憂民而一臉嚴肅的神態，彷彿他生來就是為了天下蒼生而活，修身的目的也只是為了齊家、治國、平天下，毫無自身的生活情趣。對這個問題，梁漱溟先生給了我們對孔子生活的另一種解釋。在他看來，孔子是靠趣味去生活的：他是一個個性特別、內涵豐富的人，他的直覺很強，都是靠趣味生活……

　　孔子的心裡是和樂的，這種和樂就是生趣。從快樂中得到生活的樂趣，這就是孔子原本的生活真相。生活本身就是充滿樂趣的，而孔子又是一個嚴肅地對待生活的人，這樣的人怎會讓自己的生活乏味呢？

不管是智者或是仁者，他們都能從山水之中敏銳地捕獲和自己最相契合的氣質，天地之間，花鳥魚獸，自來親人，這種生活不正是極富於詩情畫意的嗎？

　　食不厭精，膾不厭細。食饐而餲，魚餒而肉敗，不食。色惡，不食。臭惡，不食。失飪，不食。不時，不食。割不正，不食。不得其醬，不食。肉雖多，不使勝食氣。惟酒無量，不及亂。沽酒市脯，不食。不撤姜食，不多食。

　　這段古文出自《論語‧鄉黨》。意思是說，他的生活何等精緻：飯食越精細越好，魚肉越細美越好。飯食放久了會變味，魚肉也會腐爛，這就都不能吃。顏色不好看的不吃，氣味臭的不吃。烹飪的火候不對不吃。不到吃飯的時間不吃。切肉的刀工不合度不吃。醬配得不對不吃。肉雖然多，但不能讓吃肉的份量超過糧食的份量。只有酒沒有規定用量，以不喝醉為限。買來的酒和乾肉不吃，不去掉薑的食物少吃。這般瑣屑且細緻的要求，足以令今日以享受生活標榜自己的小資們也望塵莫及，誰能說孔子不會享受生活呢？

　　當然除了樂之外，孔子也承認生活中有「憂」，「君子憂道不憂貧」說的正是生活中還有那麼多不盡如人心的事情會發生。孔子說憂，但是不說苦。苦是一種太強烈太刺激的味道，可見在他看來生活雖有不順心，但還是美好的，不至於讓人痛苦。而且他還為我們排遣

憂愁找到了一條輕鬆的出路：樂以忘憂。看似同語反覆，不憂即是樂，其實自有道理在其中：如果心裡時時充滿著柔和和樂的感覺，哪裡還有空間留給憂呢？

其實無論是憂還是樂，都是對生活的態度，是從心裡生發出來的，與環境無關。即便是清貧的生活，依然是富有趣味的。劉禹錫在《陋室銘》中寫道：「斯是陋室，惟吾德馨。」自己的氣質能令苔痕上階綠的陋室生香，自己樂在其中，又何陋之有？這種生活的趣味正如陶淵明所言，此中有真義，欲辯已忘言。妙不可言，不可言傳。

生活的樂趣雖然只能由自己去體會，但無疑人人都心嚮往之，我們都不做苦行僧，借現在的受難去換取日後的光輝，而是在人生的長途跋涉中收穫著當下點滴的快樂，這才是智者。

用肯定的目光注視你的對手

█ 大師如是說

對手也能使我們強大，他總逼著我們去壯大自己的思想，快速地行動起來。

——文學家、思想家魯迅

關於做人做事，一位成功者說：「為人處世，要坦誠寬容；不要耿耿於懷，小肚雞腸，尤其是對你的對手。」而我們在這裡要說的是，與人共事，要善於運用欣賞對手的原則。因為這個世界本來就沒有真正的敵人，有的只是競爭對手。

競爭對手不是永恆不變的，今天是競爭對手，或許明天就是你的合作夥伴。「攻城為下，攻心為上」，在與對手的競爭中，能征服對方的心，才是最徹底、最高尚、最偉大的勝利。而善於欣賞對手的優點就是取得這種勝利的必要條件之一。

有兩個選手在世界職業拳擊爭霸賽上對決。年長的叫盧卡，三十

歲；年輕的叫拉瓦，二十五歲。上半場兩人打了六個回合，實力相當，難分勝負。在下半場第七個回合，拉瓦接連擊中老將盧卡的頭部，打得他鼻青臉腫。短暫的休息時，拉瓦真誠地向盧卡致歉。他先用自己的毛巾一點點擦去盧卡臉上的血跡，然後把礦泉水灑在他的頭上。拉瓦始終是一臉歉意，彷彿這一切都是自己的罪過。

接下來兩人繼續交手。也許是年紀大了，也許是體力不支，盧卡一次又一次地被拉瓦擊倒在地。按規則，對手被打倒後，裁判連喊三聲，如果三聲之後仍然起不來，就算輸了。每次都不等裁判將「三」叫出口，拉瓦就上前把盧卡拉起來。盧卡被扶起後，他們微笑著擊掌，然後繼續交戰。

最終，盧卡負於拉瓦，觀眾潮水般湧向拉瓦，向他獻花、致敬、贈送禮物。拉瓦撥開人群，徑直走向被冷落一旁的老將盧卡，將最大的一束鮮花送進他的懷抱。兩人緊緊地擁在一起，相互親吻對方被擊傷的部位，儼然是一對親兄弟。盧卡真誠地向拉瓦祝賀，一臉由衷的笑容。他握住拉瓦的左手高高舉過兩人的頭頂，向全場的觀眾致敬。

在交往中，與對手真誠相待會幫助你與對手坦誠相處，真心地交流。若你能放下那種狹隘的看法，不妨用一種欣賞的目光去看待他，你就會發現，對方其實並非想像中的那樣處處與你做對，他有許多東西值得你去學習和借鑒。排斥對手於事無補，只會兩敗俱傷；相反，只有欣賞對手才更能征服人心。彼此用真心交流，才會開出友誼之花。使他變成你的朋友，拿對手當成動力，不是更有利於你的成功嗎？

欣賞對手是我們學會做人的一門重要課程，它有助於提高我們的人格魅力，也可以淨化我們的心靈，洗滌我們的靈魂；欣賞對手能表現出我們寬宏大量的胸懷與高風亮節的風度；更能展示我們謙虛謹慎的作風。何必用那種仇恨的目光看待對手呢？何必弄得兩相交惡，兩敗俱傷呢？還不如用真誠的心靈去欣賞對手，去學習他的可貴之處。人在處世之道上離不開讚揚，欣賞對手我們將會得到意想不到的收穫，不僅使「敵人」變成朋友，而且還能取得對手的信任和幫助。

第十七課

人生有情，今生有幸

——分享，讓人格時時更新

人人都有一份，才是真的擁有

▍ 大師如是說

幾時你超脫了自私，幾時你超脫了渺小。

——著名思想家、哲學家梁漱溟

　　我們每個人心中都有一座美麗的大花園，如果我們願意讓別人在此種植快樂，同時這份快樂也會滋潤自己，那麼我們心靈的花園就永遠不會荒蕪。

　　有了美好和幸福，不是獨自一個人享受，而是和大家共用，並且把美好和幸福分送給每一個人，直至大家人人都有一份了。

　　一位年長的施行者曾經講述了這樣一次經歷：一次在去美國西部的施行途中，他恰好坐在一位年邁的婦人旁邊，這位老婦人時不時地從敞開的窗戶中探出身去，從一個瓶子中把一些粗大的顆粒撒在路上——至少在他看來是如此。當她撒完了一個瓶子之後，又從手提包裡把瓶子灌滿，接著繼續撒。聽他講述這一經歷的一個朋友認識這位老

婦人，並告訴他，這位老婦人極其喜歡鮮花，並且一貫遵循一個信念：「請在你旅途所經之處播撒鮮花的種子，因為你可能永遠都不會在同樣的路上再次旅行。」通過在自己的旅途中播撒鮮花的種子，這位老婦人為原野增添了美麗。正是由於她熱愛美、傳播美，使得許多道路兩側鮮花繽紛、生機盎然，令寂寞的旅人耳目一新。

對那些懂得並欣賞美的人來說，融入大自然的懷抱就像是走進了一座巨大而精美的、充滿著魅力的宮殿。橫展在我們面前的大自然，是這樣莊嚴、美麗、可愛。有輕風在馳騁，有泉流在激濺，有鳥兒在鳴啼，風的微吟、雨的低唱、蟲的輕叫、水的輕訴，顯得是那麼抑揚頓挫、長短疾徐，再加上夕陽的霞光、花兒的芬芳、高山的宏偉、彩虹的豔麗、空氣的舒爽，構成了足以讓天使陶醉的畫面，而置身於其中的我們，又怎能不像喝了醇酒一般呢？

但是，這種美麗和恬靜如果只是一個人獨自欣賞，就會失去它本該有的意義。得嘗其間的快樂，不是全部收入自己的囊中，而是與他人一起分享其中的樂趣。只有心中充滿了與人分享情感的人們，才能真正地發現美、欣賞美，並擁有美。

拉近人與人之間的距離

▌ 大師如是說

如果人生真有意義和價值的話，其意義與價值就在於責任與奉獻，與朋友一起分享，多考慮別人的感受。你便能從中體會生活的意義。

——東方學大師、北大終身教授季羨林

如今，我們的物質生活比起任何一個歷史時期都富足。然而令人遺憾的是，越來越多的獨生子女在物質得到滿足的同時，卻很難學會與人分享。在「4+2+1」的家庭組合裡，四位老人、兩位父母都會把全部的愛傾注給孩子。在這樣的家庭環境中成長起來的孩子，往往會養成凡事以自我為中心的思維。

人們在反思的同時，也在憂慮，孩子總要成長為社會的中流砥柱，如果沒有學會與別人一起分享快樂、滿足，那麼又怎麼會與他人一起患難與共，共同抵擋生活的風風雨雨呢？

兩個釣魚高手一起到魚池垂釣。這兩人各憑本事，一展身手，不久，都大有收穫。忽然間，魚池附近來了十多名遊客。看到這兩位高手輕輕鬆鬆就把魚釣上來，不免感到幾分羨慕，於是都去買來釣竿來試試自己的運氣。顯然，不擅此道的遊客只能無功而返。

　　那兩位釣魚高手，個性相當不同。其中一人孤僻而不愛搭理別人，單享獨釣之樂；而另一位卻是個性熱心、豪放、愛交朋友的人。他看到遊客釣不到魚，就說：「這樣吧！我來教你們釣魚，如果你們學會了我傳授的訣竅，而釣到一大堆魚時，每十尾就分給我一尾，不滿十尾就不必給我。」

　　他教完這一群人，又到另一群人中，同樣也傳授釣魚術，依然要求每釣十尾回饋給他一尾。一天下來，這位熱心助人的釣魚高手，把所有時間都用於指導垂釣者，獲得的竟是滿滿一大籬筐魚，還認識了一大群新朋友，同時，左一聲「老師」，右一聲「老師」地被人圍著，備受尊崇。同來的另一位釣魚高手，卻沒享受到這種為人們服務的樂趣。當大家圍繞著其同伴學釣魚時，那人更顯得孤單落寞。悶釣一整天，檢視竹簍裡的魚，收穫也遠沒有同伴的多。

　　分享並不會讓我們失去很多，通過分享也能受益頗多。學會分享生活，不僅包括困難與痛苦，還有成功與喜悅，這樣才更能夠體會到人與人之間的關愛和溫暖，拉近彼此之間的距離，讓人與人的關係時刻被溫情所環繞。

共植美麗，共用芬芳

▌大師如是說

人不能只為了自己，要把自己貢獻出來，貢獻給你的國家，你的朋友，把自己的所獲分享給周遭的人。

——著名學者南懷瑾

近朱者赤，近墨者黑。高貴也是這樣，沒有一種高貴可以遺世獨立。要想保持自己的高貴，就必須擁有高貴的「鄰居」；要想擁有一片高貴的花的海洋，就必須與人分享美麗，同大家共同培植美麗。

一個精明的荷蘭花草商人，千里迢迢從遙遠的非洲引進了一種名貴的花卉，培育在自己的花圃裡，準備到時候賣個好價錢。對這種名貴花卉，商人愛護備至，親朋好友和鄰居向他索要，一向慷慨大方的他卻表現得十分吝嗇。第一年的春天，他的花開了，花圃裡萬紫千紅，那種名貴的花開得尤其漂亮。第二年的春天，這種名貴的花已繁育出了五六千株，但他發現，今年的花沒有去年開得好，花朵略小不說，還有一點雜色。到了第三年，名貴的花已經繁育出了上萬株，令

他沮喪的是，那些花的花朵變得更小，花色也差很多，完全沒有了它在非洲時的那種雍容和高貴。當然，他沒能靠這些花賺上一大筆。難道這些花退化了嗎？可非洲人年年種養這種花，大面積、年復一年地種植，並沒有見過這種花會退化呀。百思不得其解，他便去請教一位植物學家。植物學家問他：「你的鄰居種植的也是這種花嗎？」他搖搖頭說：「這種花只有我一個人有，鄰居的花圃裡都是些鬱金香、玫瑰、金盞菊之類的普通花卉。」植物學家沉吟了半天說：「儘管你的花圃裡種滿了這種名貴之花，但和你的花圃毗鄰的花圃卻種植著其它花卉，你的這種名貴之花被風傳播了花粉後，又沾上了毗鄰花圃裡的其它品種的花粉，所以你的名貴之花一年不如一年。」商人問植物學家該怎麼辦，植物學家說：「誰能阻擋住風傳播花粉呢？要想使你的名貴之花不失本色，只有一種辦法，那就是讓你鄰居的花圃裡也都種上你的這種花。」於是商人把自己的花種分給了自己的鄰居。次年春天花開的時候，商人和鄰居的花圃幾乎成了這種名貴之花的海洋——花色典雅，朵朵流光溢彩，雍容華貴。這些花一上市，便被搶購一空，商人和他的鄰居都發了大財。

　　想要有名貴的花，就必須讓自己的鄰居也種上同樣名貴的花。精神世界也是這樣的，一個人想要維持自己品德的高尚，如果不懂得和別人分享，就只能是孤芳自賞，甚至背上自閉與不通事理的　名。

　　分享會在我們需要時得到，也會幫助我們獲得一個和睦的生活環境。在分享中，我們得到的遠比分享的多得多。所以，面對生活中的

得失時，我們的目光不要太短淺，心胸不要太狹窄，學會分享，是一項大智若愚的慷慨之舉，有利於提升我們的形象，有利於改善我們的生存環境，有利於我們在這個人情味十足的社會中立足並發展。

誰都不可能獨佔任何東西

越是珍貴之物，越需與人通向，這種偉大的行為可以增加人的品德。

——著名哲學家馮友蘭

以色列有兩個內海——加利利海和死海。這兩個內海雖然相隔不遠，但周圍的景致卻是大相徑庭，加利利海周圍一片生機盎然，而死海周圍卻是如同它的名字一樣，一片死氣沉沉。究其原因，發現加利利海的水有流進，也有流出，而死海只有水流入，沒有水流出。

死海在海平面下三九二米的低處，它的周圍是一片無垠的沙漠，對岸是約旦的領土。死海的水中含有很高的鹽分，水的比重很大，當人們掉進去時，身體會自然浮起而不會淹死。死海的水中無魚，也沒有其它生物。

加利利海是一個淡水湖，裡面有很多生物，海中盛產「聖彼得

魚」，這種魚雖然外觀醜陋，可是肉味鮮美，已成為該地名產。加利利海邊餐廳林立，都以售聖彼得魚為主，來遊覽的旅客們常常在此大飽口福。

加利利海岸邊的老樹枝葉茂密，樹上百鳥雲集，啼聲悅耳，是一個充滿生趣的美麗世界！相形之下，死海就沒有這麼活躍。死海沒有任何生物生存在其中，周圍也沒有半棵樹，更聽不到鳥兒的歌聲，連漂浮在死海上的空氣都讓人覺得沉重而透不過氣來，從來沒有一隻生活在沙漠中的動物到其岸邊去喝過水，因此，人們才會稱之為「死海」吧。

兩者為什麼形成如此差別呢？

先哲們的解釋是，加利利海不像死海只知收，而不知出。約旦河流入加利利海之後，又流了出來，最後歸之死海。加利利海接受了多少東西，也會給別人多少東西，所以它是活生生的。而死海把所有東西都占為己有，只進不出，所以，生物都不願意生活在其中，死海便呈現死氣沉沉的景象。

水不流，魚不棲，沒有任何生物飲水，只取而不予，這是非常不正常的現象。因為死海沒有分享，所以它才會「死」在那裡。

人應該像加利利海那樣活躍，慷慨給予，有進有出，這才是聰明人的處世之道，任何人都不可妄想獨佔所有東西。

對我們來說，分享是一個很重要的觀念。既要接受他人的給予，同時也要把自己的東西與他人分享，不然就會像死海那樣，心河一片死寂，並最終乾涸。把分享作為人生的信條，它會帶你走向快樂的人生之路。

第十八課

有心、有願，就會有念力

——信念，讓人生總有路可走

有心、有願，就會有念力

朋友們，在你最悲觀最失望的時候，那正是你必須鼓起堅強的信心的時候。你要深信：天下沒有白費的努力。成功不必在我，而功力必不唐捐。

——著名學者胡適

俗話說：「有志飄過四海，無志寸步難行。」沒有遠大的理想，生命將失去意義，未來將一片渺茫。我們在人生的每一時刻，都要有更遠、更深、更全面的謀劃，如此，我們的人生才可能免於平庸。

在為夢想奮鬥的過程中，能夠讓我們獲得榮譽的最關鍵因素，是內心堅定的信念。就像美國最富有的黑人商人詹森，他就是憑藉堅定的信念，創辦了享譽全球的《黑人文摘》雜誌，他也因此進入了《財富》排行榜。

二十四歲時，詹森以母親的傢俱作為抵押，開辦了一家小小的出版公司，創辦了他的第一本雜誌《黑人文摘》。

為了提高雜誌的可讀性，擴大發行量，他不斷地改進編輯方針，公開反對種族歧視。他還有一個非常大膽的想法：組織一系列以〈假如我是黑人〉為題的文章，請白人在寫文章的時候站在黑人的角度，嚴肅地看待這個問題。產生這個想法的時候，他想：「如果請羅斯福總統的夫人埃莉諾來寫一篇這樣的文章，一定可以擴大影響。」

　　詹森說做就做，給羅斯福夫人寫了一封請求信：「尊敬的夫人您好，懇請您為我的雜誌寫一篇文章，好嗎？」

　　沒過多久，羅斯福夫人就給詹森回信了：「對不起，我太忙了，沒有時間寫。」

　　詹森見羅斯福夫人在回信上並沒有說自己不願意寫，就決定再試一次，他想：「這次一定會成功的。」於是，一個月後，詹森又給羅斯福夫人發去了一封信：「夫人，真誠地懇請您為我的雜誌寫一篇文章。」可是夫人仍然回信說：「對不起，我太忙了。」看到埃莉諾夫人回信的詹森並沒有因此放棄，他心裡始終有個信念：「下一次一定會成功。」

　　此後，每過一個月，詹森就給羅斯福夫人寫一封信，雖然言辭越來越懇切，但夫人還是回信說：「我連一分鐘的空閒也沒有。」

　　機會終於來了，一天，詹森在報上看到了羅斯福夫人在芝加哥發表談話的消息，於是，他決定再試一次。他首先打了一份電報給羅斯福夫人，說：「請問您是否願意趁在芝加哥的時候為《黑人文摘》寫一篇文章？」

再次接到詹森的信，羅斯福夫人被詹森的毅力深深打動了，她對身邊的人說：「像詹森這樣的人，一定會成功。」她很快按詹森的要求寄去了文章。結果，《黑人文摘》的發行量在一個月之內由五萬份增加到十五萬份。這次事件成為詹森事業的重要轉捩點，由此，詹森的出版公司開始踏上了真正的征途，後來成為美國第二大黑人企業。

　　如果詹森第一次就放棄，那他就不會有以後的成功。同樣地，當我們遇到困難的時候，如果沒有「再試一次」的勇氣，就會與機會擦肩而過。所以當我們在成長的路上遭遇挫折時，不要忘記詹森告訴我們的事實：成功從來就不會是一條坦途，面對每一次挫折與失敗，我們都應該懷有「再試一次」的勇氣與信心。

　　只要你願意再試一次，就可能聽到成功的腳步聲。

　　其實，在漫長的人生道路上，每個人都有一顆成功的種子，只要我們用心播種，有意願栽培灌溉，即使遇到風吹雨打，也小心翼翼地守護這顆種子，用信念支撐種子發芽成長，這顆成功的種子終有一天會開出美麗的花朵。

不怕萬人阻擋，只怕自己投降

■ 大師如是說

我覺得坦途在前，人又何必因為一點小障礙而不走路呢？

——文學家、思想家魯迅

　　一個人無論面對怎樣的環境，面對多大的困難，都不能放棄自己的信念，放棄對生活的熱愛。很多時候，打敗自己的不是外部環境，而是你自己。只要一息尚存，我們就要追求、奮鬥。那麼，無論遭遇多大的困難，我們都能化解、克服，並於逆風之處扶搖直上，做到「人在低處也飛揚」。正如著名的黑人運動領袖馬丁·路德·金所說：「在這個世界上，沒有人能夠使你倒下，如果你自己的信念還站立著。」他告訴我們，即使是在最困難的時候，也不要熄滅信念的火把，不要輕易投降，而要克服一切艱難險阻，勇敢向前。

　　一日，一隻小雞在雞舍外覓食時，看見了一隻在天空中遨翔的大雁，於是向大雁請教飛行的訣竅。

大雁告訴小雞：只要想飛就能翱翔天空，如果一開始就認定自己做不到，即使長了翅膀也是白搭。小雞認定自己不是一隻待在雞窩裡的小雞，它想成為一隻翱翔的大雁，於是下定決心練習飛行，結果被母雞趕出了家門。

小雞從來沒有飛過，但是它的內心始終嚮往著藍天。它展開了雙翅，飛升到一座矮山的頂上。慢慢地，它可以飛到更高的山頂上，最後飛上了藍天，到了高山的頂峰，它發現了偉大的自己。

小雞最終克服萬難變成了大雁。一日，它飛過原來的雞舍，看見以前的夥伴們在地裡刨食，而新生一代的小雞已被剪去翅膀關在雞籠裡，只知道吃糠下蛋了。

這只是一則寓言，寓言中的小雞志存高遠，即使生在雞群裡，也沒有喪失展翅高飛的信念。

信念就像是一支火把，能最大限度地燃燒一個人的潛能，引導人們飛向夢想的天際。每個人都要堅定自己的信念，再大的困難也不能阻擋我們前進的步伐。

古語有云：天行健，君子以自強不息。自強不息，即自己拯救自己，有了自救的信念，才會奮起努力，不斷壯大自己的力量，克服一切困難，征服所有阻礙，走向成功的人生，為自己奏響生命的樂章。每個人的人生都掌握在自己的手中，只要自己保持一顆自強不息的心和一個必勝的信念，即使是身處地獄之中，也能成為精神上的強者。

全力圓夢的人，才可能創造奇蹟

■ 大師如是說

　　人須有自信之能力。

　　　　　　　　　　　　——思想家、著名學者章太炎

　　從小到大，每個人都有過各種奇妙、瑰麗的夢想，但漸漸地，由於他人的嘲諷、懷疑，自己的動搖、退卻，終究還是無法圓夢。因為只有那些懷著高遠夢想並全力圓夢的人，才會創造幸福的奇蹟。

　　在法國的鄉村，有一位普通的郵遞員每天奔走於各個村莊，為人們傳送郵件。

　　一天，他在山路上不小心摔倒了，不經意間他發現腳下有一塊奇特的石頭，看著看著，他有些愛不釋手，最後他把那塊石頭放進了郵包。

村民們看到他的郵包裡有一塊沉重的石頭，都感到很奇怪。

他取出那塊石頭晃了晃，得意地說：「你們有誰見過這麼美麗的石頭？」

人們搖了搖頭：「這裡到處都是這樣的石頭，你一輩子都撿不完的。」可是，他並沒有因為大家的不理解而放棄自己的想法，反而想用這些奇特的石頭建一座奇特的城堡。

此後，他開始了另外一種全新的生活。白天，他一邊送信一邊撿這些奇形怪狀的石頭；到了晚上，他就琢磨用這些石頭來建城堡的問題。所有的人都覺得他是瘋了，因為那根本就是不可能的事。

二十多年以後，在他的住處出現了一座錯落有致的城堡。

二十世紀初，一位記者發現了這座城堡，這裡的風景和城堡的建造格局令他慨歎不已，並為此寫了一篇文章。文章刊出後，郵差希瓦勒和他的城堡成為人們關注的焦點，甚至藝術大師畢卡索也專程拜訪。

今天，這個城堡已成為法國最著名的風景旅遊點。

據說，那塊當年被希瓦勒撿起的石頭，被立在入口處，上面刻著一句話：「我想知道一塊有了願望的石頭能走多遠。」

正如那句石頭上刻著的文字：我想知道一塊有了願望的石頭能走多遠。人的心走多遠，人的腳步走多遠，美麗的夢就能走多遠。

生命有限但希望無限，用盡全力去圓我們內心的夢想，每個人都能擁有一個豐富多彩的人生。

對所需事物保持強烈渴望

　　當一個人充滿強烈的欲望時，意志也就被激發起來。這就是雄心，由強烈欲望引起的強烈意志。兩者缺一，雄心就無從談起。缺乏意志的欲望不叫雄心。如果一個人只有很強的欲望，卻沒有強烈的意志與其積極合作，他的雄心便會「死於襁褓之中」。即使一個人有鋼鐵般的意志，若沒有強烈的欲望去啟動它，這意志也不能算作雄心。

　　傳說古代在很遠很遠的北方，大地以草木為毛髮，而那個地方氣候異常的寒冷，草木不生，於是人們把那個地方叫「窮髮」。在那個草木不生的地方，有一片大海，是大自然造就的一片遼闊的水域。在這片水域中，生活著一條碩大無比的魚，這條魚的身體有幾千里寬，而牠的身體有多長呢，誰也說不清楚，這條大魚的名字就叫作鯤。有一天，這條大魚變成了一隻鳥，也同樣是大得不可思議。這隻鳥的脊

背有泰山那樣高大，雙翅一展，就像是掛在天空的雲彩遮住了半個天空，這隻鳥名叫鵬。這隻大鵬鳥打算從北海飛到南海一遊，牠扇動起兩個巨大的翅膀，盤旋直衝天空而形成一股狂飆，大鵬鳥直飛到九萬里的高空，那是一個連雲氣都達不到的地方。大鵬的脊背幾乎是緊靠著青天了，然後牠再準備朝南海的方向飛去。

有一群小蓬雀活動在一片灌木叢中，整天聚集在蓬刺矮樹間跳來跳去、嘰嘰喳喳，倒也自得其樂十分滿足。當牠們聽說了大鵬鳥飛上高空九萬里的事情後，十分驚訝與困惑，牠們嚷嚷道：「簡直是發了瘋了，發了瘋了。牠幹嘛要飛那麼高呢？牠到底想幹什麼呢？」其中一隻蓬雀以一種批評家的口氣說：「我跳躍著向上一飛，也不過幾丈高就落下來，我在灌木叢中飛來飛去，悠然自得，我這就是世界上最好的飛翔了，那隻奇怪的大鵬幹嘛要飛那麼高呢？飛那麼高有什麼意義呢？」

看來，這些胸無大志的蓬雀不但不能理解壯志凌雲的鯤鵬，反而還譏笑牠，這真是小和大的鴻溝，愚蠢和智慧的區別啊。要知道，成功取決於你的抱負。一旦它變得蒼白無力，所有的生活標準都會隨之降低。你必須讓理想的燈塔永遠燃燒，讓那火焰的光芒照亮你前行的道路。

心理學上有這樣一條法則──要使心理渴望表現為雄心，就必須將理想呈現到頭腦之中。只要看到、聞到、想到食物，胃部就會受到刺激而分泌胃液。同理，只要看到、想到所需要的事物，這種心理渴

望也會不由自主地產生。假若你對目前的生活很滿意，不求過得更好，那主要是因為你不知道、沒見過、沒聽過任何更好的，或者是你懶於思想，四體不勤。

要充分體現雄心，首先必須有熱切的渴望，不僅僅是「嚮往」或「希望」，而是強烈的、不達目的不甘休的渴望；然後必須激起足夠強烈的意志安全力爭取欲望之所需。這兩個成分便組成了雄心的全部內容。

成功喜歡不甘平凡的人

　　走上人生的路途吧。前途很遠，也很暗。然而不要怕，不怕的人面前才有路。

——文學家、思想家魯迅

　　郎朗說：「現在有人說我拿了外國護照，這是百分之百的謊言。我拿的是中國護照，我要一輩子做中國人。我要用我的音樂、我的黃色皮膚告訴人們，中國是出色的，中國人是出色的。我要利用自己的一切條件，宣傳中國，弘揚中國文化。」因為擁有這樣的理想，郎朗不斷地努力提升自己，終於他登上了世界的舞臺，讓全世界熱愛音樂的人們記住了這個來自中國的年輕鋼琴家。

　　趙本山說：「我是一個農民，但是我要讓中國人看到一個普通的農民是怎樣走向成功的，農民也會有自己的精彩人生。」通過自己的不懈努力，趙本山一次又一次到達藝術的高峰，成了全國人民都喜愛的小品演員。

　　很多獲得成功的人，是因為其心中有超乎常人的信念。信念，有

強有弱，但只有不甘於平凡的人，才能將信念的種子澆灌成參天大樹。

六十多年前，在美國三藩市，一位演員喜得貴子。因為父親職業的緣故，所以這個男孩從小就有了跑龍套的機會，他漸漸有了當演員的夢想。由於他身體虛弱，父親便讓他拜師習武來強身。一九六一年，他考入華盛頓州立大學主修哲學，後來，他像所有正常人一樣結婚生子。但在心底，他從未放棄過當演員的夢想。

一天，他與朋友談到夢想時，隨手在一張便箋上寫下了這樣一段話：

「我，布魯斯‧李，將會成為全美國最高薪酬的超級巨星。作為回報，我將奉獻出最激動人心、最具震撼力的演出。從一九七〇年開始，我將會贏得世界性聲譽；到一九八〇年，我將會擁有一千萬美元的財富，那時候我和家人將會過上愉快和諧、幸福的生活。」

當時，他過得窮困潦倒，並不如意。如果這張便箋被別人看到，會引起怎樣的白眼和嘲笑。但他牢記著便箋上的每一個字，克服了無數常人難以想像的困難。

一九七一年，他主演的電影《猛龍過江》刷新香港票房紀錄。一九七二年，他主演了香港嘉禾公司與美國華納公司合作的《龍爭虎鬥》，這部電影使他成為一名國際巨星，並被譽為「功夫之王」。一九九八年，美國《時代周刊》將其評為「二十世紀英雄偶像」之一，他是唯一入選的華人。

他就是「最被歐洲人認識的亞洲人」——李小龍，一個迄今為止享有最高聲譽的華人明星。

一九七三年七月，李小龍英年早逝。在美國加州舉行的李小龍遺物拍賣會上，這張便箋被一位收藏家以二十九萬美元的高價買走，同時，兩千份獲准合法複印的副本也被搶購一空。

貧窮和辛苦並非永遠注定，那些可以讓我們流淚的屈辱，也不過是人生之中的一個頑石，跨過去，命運就會改變。可是在我們的身邊，有太多的人迷信於命運的安排，以為現在所經歷的一切苦難，都是上帝對我們注定的懲罰。

其實，在上帝眼裡，每個人都是一個淘氣的小孩，他怎麼可能會用如此沉重的責罰來書寫我們的人生呢？每個人的人生如同一塊一塊積木，想要組成什麼形狀，完全由我們自己決定，能不能經得住風雨，也完全依賴於我們自己的意志。

第十九課

為他人，是最好的喜悅

—— 走出私心纏繞的泥沼

從自己的坑道裡走出來

▌ 大師如是說

在任何社會制度中，自私都是最大底不道德。

——著名哲學家馮友蘭

在生活中，超越狹隘、幫助他人、撒播美麗，善意地看待這個世界，快樂、幸福和豐收會時時與我們相伴。對此，羅曼·羅蘭說得很精彩：「快樂和幸福不能靠外來的物質和虛榮，而要靠自己內心的高貴和正直。」那麼，精神境界的昇華就要來自我們不斷為自己創造機會，能夠以更開闊、寬廣的視野認識、欣賞這個世界的精彩。

海螺在海洋生物裡屬於清高、孤立的一類。它用一層堅固的殼把自己包裹起來，不讓外面的風浪衝擊到自己柔弱的身體，也擋住了自己融入豐富多彩的外在世界的眼光。海螺只想把自己包裹起來，不讓大家看到牠的真實面目。其實，牠的內心很自卑，牠擔心大家發現牠的缺陷而嘲笑牠、排斥牠。海螺能做的就是固守著屬於自己的小天地，把沙灘、礁石作為自己的藏身之處。雖然牠知道海洋的深處是寬廣而博大的，但是牠不願作出嘗試，更不願與大家一起去分享快樂與悲傷。

當博大、寬廣的海洋卷起海浪要把海螺帶到海洋裡和魚類一起嬉戲的時候，海螺總是置之不理，把自己緊緊地包裹起來，牠害怕與他人分享自己的快樂或者悲傷。看到無拘無束嬉戲的魚，會諷刺魚兒的喧嘩。當魚、蝦紛紛都要去海洋的深處尋找夢想、見識大千世界的時候，海螺卻紋絲不動，反而嘲笑魚、蝦都在做些無用功。

　　連海浪一次次嘗試著讓牠回到大海懷抱的努力也徒勞無功。一次次失望後，海浪不再召喚牠了，小魚、小蝦也不願再理它了，於是，離群索居的海螺就逐漸被大家遺忘了。

　　封閉的海螺其實是作繭自縛。牠不給自己機會見識大海的寬廣，也不給自己機會開闊自己的視野。牠的固執使牠只能躲在沙灘上聽潮起潮落，卻無緣與大海融為一體。

　　一味地固守在自己狹小的天地裡，看到的就是這一方小的天地，時間一長，思想就會禁錮，視野變得短淺，心胸變得狹小。從狹小的空間中走出來，內心會變得寬廣，由此看到的天地也更加遼闊。你的思想會在與不同的人們接觸、交往過程中變得豐富、多元化。

　　每個人都是社會性的動物，人與人之間少不了交往，我們也總有需要別人幫忙的時候。所以，不要吝嗇分享你的東西，哪怕只是一杯清水，都可以讓你結交一個朋友。分享是架起人與人之間情誼的橋樑，用自己一顆寬厚的胸懷去溫暖每一個人的心，同時滋潤自己，讓自己心靈的後花園不再荒蕪。

打破人為的隔閡，你會得到幫助

我願大家本著「大家事大家辦」的精神努力一切。

——著名教育家張伯苓

愛是醫治心靈創傷的良藥，愛是心靈得以健康生長的沃土。愛，以和諧為軸心，照射出溫馨、甜美和幸福。愛把寬容、溫暖和幸福帶給了親人、朋友、家庭、社會。無愛的社會太冰冷，無愛的荒原太寂寞。愛能打破冷漠，讓塵封已久的心重新溫暖起來。

在與人交往時，請將你的心窗打開，不要吝嗇心中的愛，因為只有愛人才會被愛。這樣，當你陷入困境時，你會得到充滿愛心的關懷和幫助。

一位建築大師閱歷豐富，一生傑作無數，但他自覺最大的遺憾是把城市空間弄得支離破碎，而樓房之間的絕對獨立加速了都市人情的冷漠。大師準備過完六十五歲壽辰就封筆，而在封筆之作中，他想打

破傳統的設計理念，設計一條讓住戶交流和交往的通道，使人們不再隔離，而是充滿大家庭般的歡樂與溫馨。

一位頗具膽識和超前意識的房地產商很贊同他的觀點，出鉅資請他設計。圖紙出來後，果然受到業界、媒體和學術界的一致好評。然而，等大師的傑作變為現實後，市場反應卻非常冷漠，乃至創出樓市新低。房地產商急了，急忙進行市場調研。調研結果出來後，讓人大跌眼鏡：人們不肯掏錢買這種房的原因竟然是嫌這樣的設計使鄰里之間交往多了，不利於處理相互間的關係；在這樣的環境裡活動空間大，孩子們卻不好看管；還有，空間一大，人員複雜，對防盜十分不利……

大師沒想到自己的封筆之作會落得如此下場，心中哀痛萬分。他決定從此隱居鄉下，再不出山。臨行前，他感慨地說：「我只認識圖紙，不認識人，是我一生最大的敗筆。」

我們可以拆除隔斷空間的磚牆，可誰能拆除人與人之間厚厚的心牆呢？心牆不除，人心會因為缺少氧氣而枯萎，人會變得憂鬱、孤寂。

比如，從上班的那一刻起我們就開始將自己關閉在一個小的空間內，懶得和別人打招呼，也懶得和別人多溝通，只顧著忙自己的事情，寂寞時一個人寂寞，開心時一個人開心。就這樣冷漠地看待世間的萬物，世界上除了自己之外沒有別人。

冷漠的人注定孤獨，冷漠的人沒有朋友，誰也不願意和冷漠的人打交道，因為這樣的人根本不在乎朋友而只在乎自己。

有一首歌的歌詞：「這是心的呼喚，這是愛的奉獻，這是人間的春風，這是生命的源泉。在沒有心的沙漠，在沒有愛的荒原，死神也望而卻步，幸福之花處處開遍。只要人人都獻出一點愛，世界將變成美好的人間。」的確，人與人之間的交往不該冷漠，而應該付出愛，這樣就會發現世界是「美好人間」。

臨事須替別人想，論人先行自揣度

生命不是用來自私的。

——藝術家、教育家、思想家李叔同

自私是一種潛藏在心靈深處的人的本能欲望，它的存在與表現通常是不為人所察覺的，私欲較強的人不顧社會和他人的利益，只為了滿足自己的一己之私，而在自己的私欲得到滿足的時候卻又心安理得地去享受。這也正如盧萊修所說：「自私是人類的一種本性，高尚者和卑劣者的區別就在於：前者能夠克制這種本性而代之以無私的給予，而後者則任其肆意橫行。」

有的人眼睛雖然看不見，內心卻無比光明寬闊；有的人耳聰目明，卻只顧一己之私。將要掉在坑裡的，往往不是瞎眼的，恰恰因為瞎眼的點亮了無私的燈籠，才免得大家一同摔得難看。

有一天，閻王正在審判分發小鬼們投胎的去處。閻王在那裡宣

判：「張三你到東村投胎做人，李四你到西村投胎做人……」地獄中聲聲不斷，閻王依次分派。

這時，一隻等在一邊的猴子，忍不住開口說：「閻王，那些小鬼你都讓他們去投胎做人，你就發發慈悲心腸，讓我這隻猴子也去嘗嘗做人的滋味吧。」

閻王說：「猴子啊，人的身上沒有長長的毛，而你全身上下長滿了毛，怎麼能去做人呢？」

猴子說：「我把身上的毛拔光，不就可以到人間去了嗎？」

閻王經不起猴子的再三哀求，答應幫助猴子拔毛。閻王伸手拔了一根毛，猴子痛得嗷嗷直叫，一溜煙逃走了。

閻王歎了一口氣說：「連一毛都捨不得拔，還怎麼有資格做人呢？」

這則故事給了我們很好的啟示。一個總是保全自己、自私自利的人，可能連做人都會變得無趣。所以我們應當避免被欲望糾纏身心，否則生活也會跟著不幸。因為心靈無私是保持高貴的唯一秘密，也是營造仁愛氛圍的唯一方法。要做個樂於助人的人，把自私驅除，你心中的負擔才不會越來越重，而是充滿光明。

愛默生曾提醒我們：「要做一個為後來者開門的人，不要試圖使世界成為死巷。此生最美妙的報償就是，凡真心幫助他人的人，沒有人不幫助自己的。」

吝嗇的人沒有愉悅的生活

■ 大師如是說

考慮別人比考慮自己稍多一點就是好人。

——東方學大師，北大終身教授季羨林

胡適先生說過，吝嗇比其它事更能阻止人們過自由而高尚的生活。

吝嗇的人大都比較自私的、貪婪的。這類人只是嫌自己發財速度太慢，總嫌「效率」太低，總想不勞而獲或者少勞多獲，因而挖空心思、不擇手段地算計他人、集體甚至社會，一般的情況是：在吝嗇者口袋裡的金錢或多或少地帶有不潔的成分，廉恥、天良、真理都會沉溺在吝嗇者的吝嗇之中。

有個勤勞而忠實的男孩叫湯姆，他一個人住在一間小屋子裡，並且擁有一座在村莊裡最美麗的花園。小湯姆有很多的朋友，其中有一個是磨坊主湯恩。湯恩是個很富有的人，他總自稱是小湯姆最忠厚的

朋友，因此他每次到小湯姆的花園來，都以最好的朋友身份拎走一大籃子各種美麗的鮮花，在水果成熟的季節還拿走許多水果。

湯恩經常說：「真正的朋友就該分享一切。」而他卻從來沒有與小湯姆分享過什麼。

冬天的時候，小湯姆的花園枯萎了。「忠實的」磨坊主朋友從來沒去看望過孤獨、寒冷、飢餓的小湯姆。

湯恩說：「冬天去看小湯姆是不恰當的，人們經受困難的時候心情煩躁，這時候必須讓他們擁有一份寧靜，去打擾他們是不好的。而春天來的時候就不一樣了，小湯姆花園裡的花都開放了，我去他那裡採回一大籃子鮮花，我會讓他多麼高興啊。」

湯恩天真無邪的兒子問他：「爸爸，為什麼不讓小湯姆到咱們家來呢？我會把我的好吃的、好玩的都分給他一半。」

誰想到湯恩卻被兒子的話氣壞了，他怒斥這個白白上了學，仍然什麼都不懂的孩子。他說：「如果小湯姆來到我們家，看到了我們燒得暖烘烘的火爐、豐盛的晚飯以及甜美的紅葡萄酒，他就會心生妒意，而嫉妒則是友誼的大敵。」

磨坊主湯恩的高論讓我們看到了吝嗇的人的醜惡嘴臉。吝嗇者金錢、財富都不缺，然而其靈魂、其精神卻是在日趨貧窮。

吝嗇果真能給吝嗇者帶來愉快嗎？不能。其實吝嗇者的生活是最

不安寧的，他們整天忙的是掙錢，最擔心的是丟錢，唯恐盜賊將他的金錢偷走，唯恐一場大火將其財產吞噬，整天提心吊膽，坐立不安，永遠不會是愉快的。

所以，我們要遠離吝嗇的魔鬼，走出吝嗇的灰暗，尋找生命中那一份與人分享的藍天。施予的追求沒有資格的限制，再吝嗇、再壞的人，只要決心想給予，就可以透過訓練開啟布施之心。在生活中，讓我們學會「布施」吧，因為，只有如此，才能讓我們得到更多，學會給予，才能收穫幸福，懂得付出，才能有更多收穫。

第二十課

以愛的方式收穫心靈的坦然

——信任是獲知生活真相的鏡子

被信任，始於信任他人

▌大師如是說

　　彼此間的信任二字，需要大書特書。中國的事，多是人們之間少了誠摯信任，才有那麼多的壞人、壞事。

——著名學者南懷瑾

　　信任，可以表達人與人之間最溫馨最美好的心意。信任能產生一種奇妙的作用，如果得到他人的信任，我們便會對自己充滿信心。因信任而催生的行為，會比因懷疑而導致的行為要高尚、偉大得多。

　　受過馬卡連柯教育的謝苗・卡拉巴林，曾回憶了他在高爾基工學團當學員時，馬卡連柯如何尊重他、信任他，使他走上新的歷程。

　　那是高爾基工學團創辦不久的一天，馬卡連柯到監獄去領卡拉巴林，當馬卡連柯和監獄長一起替卡拉巴林辦理出獄手續後，卡拉巴林心中十分溫暖。後來，有一次，卡拉巴林這樣詢問馬卡連柯：「請您直爽地告訴我，您相信我嗎？」馬卡連柯誠懇地回答說：「過去的事

不必提了」，「我知道你這個人是跟我一樣的誠實」。馬卡連柯曾接連兩次把帶槍取鉅款的重任委託給卡拉巴林去辦理，這使他深受感動。

後來，卡拉巴林終於成了自己老師馬卡連柯的可靠繼承者和得力助手。

因為馬卡連柯的信任，犯過偷竊錯誤的卡拉巴林終於從過去走了出來，最後還繼承了馬卡連柯的教育事業。信任，正是這樣一種燃起對生活的熱愛、對前途追求的溫暖的火光。它能觸及靈魂，使曾經彎曲過的樹，伸直軀幹，吐出新芽，茁壯成長。信任是土壤，它有著肥沃的肥料，讓花開得更豔，讓樹長得更高。

一個人若想要被信任，首先應該相信他人，只有你相信他人，以真誠之心對待他人，別人才會感受到你誠意的溫暖，力圖用真誠地行動來回報你。與之相反，敵意卻是世界上最為尖利的傷害，當兩個民族之間敵對時，那界限便如同一道深淵，深深震撼著每一個人的恐懼與麻木；當兩個人之間敵對時，生活便如同被扎入了刺，讓人每日坐臥不安，看不到生活的美好。

一個囚犯外出修路時，撿到了一千塊錢，不假思索地交給了員警。可是，員警卻輕蔑地對他說：「你別來這一套，用自己的錢變著花樣賄賂我，想換取減刑，你們這號人就是不老實！」

囚犯萬念俱灰，心想這世界上再也不會有人相信他了。晚上，他越獄了。

亡命途中，他大肆地搶劫錢財，準備外逃。在擁有足夠的錢財後，他乘上開往邊境的火車。火車上很擠，他只好站在廁所旁。這時，一位十分漂亮的姑娘走進廁所，關門時卻發現門扣壞了。她走出來，輕聲對他說：「先生，你能為我把門嗎？」

他一愣，看著姑娘純潔無邪的眼神，點點頭。姑娘紅著臉進了廁所。而他像一位忠誠的衛士一樣，嚴嚴把守著門。

在這一剎那，他突然改變了主意。下一站，他下車到車站派出所投案自首了。

信任產生的力量是無窮的，它可以使人高尚，讓罪惡變美好。人與人之間需要信任，信任會讓你感覺到人的純潔與高尚，而只要你相信他人，真誠地關心他人，別人也會同樣給予你信任。如果人們給彼此之間築建一道厚厚的牆，那麼這個世界便會少了很多溫情。

莫讓猜疑亂了你的心智

做學問要在不疑處有疑，待人要於有疑處不疑。

——著名學者胡適

　　本來應該信任的人，卻無故地猜疑；本來可以成為合作夥伴，到後來卻成為仇敵。猜疑就是無緣無故地對一些自己並不知道的人或事進行各種設想，並信以為真。懷疑一切與信任一切都是錯誤的，能得其中方為正道。下面就讓我們來看看一個關於猜疑的小故事：

　　小鎮商人有一對雙胞胎兒子。當這對兄弟長大後，就留在父親經營的店裡幫忙。父親過世後，兄弟倆共同接手並經營這家商店。

　　生活一直很平順，直到有一天一美元丟失後，才有了變化。哥哥將一美元放進收銀機，便和顧客外出辦事，當他回到店裡時，發現收銀機裡面的錢已經不見了！他問弟弟：「你有沒有看到收銀機裡面的錢？」弟弟回答：「我沒有看到。」但是哥哥對此事一直耿耿於懷，

咄咄逼人地追問，不肯甘休。哥哥說：「錢不會長了腿跑掉的，我認為你一定看見了這筆錢。」語氣中隱約帶有質疑意味。怨恨油然而生，不久，手足之間就出現了嚴重的隔閡。開始雙方不願交談，後來決定不再一起生活，在商店中間砌起了一道磚牆，從此分居而立。

二十年過去了，敵意與痛苦與日俱增，這樣的氣氛也感染了雙方的家庭與整個社區。有一天，一位男子走進店裡問：「您在這個店裡工作多久了？」哥哥回答說他這輩子都在這店裡服務。這位男子說：「我必須告訴您一件往事：二十年前我還是個不務正業的流浪漢，一天流浪到你們這個鎮上，肚子已經好幾天沒有進食了，我偷偷從您這家店的後門溜進來，並且將收銀機裡面的一美元取走。雖然時過境遷，但對這件事情一直無法忘懷。一塊錢雖然是個小數目，但是深受良心的譴責，我必須回到這裡來請求您的原諒。」

說完原委後，這位男子驚訝地發現店主熱淚盈眶。店主還語帶哽咽地請求他：「能否到隔壁商店將故事再說一次呢？」當這位陌生男子到隔壁說完故事以後，他驚愕地看到兩位面貌相像的中年男子，在商店門口相擁而泣。

二十年了，怨恨終被化解，兄弟之間存在的對立也因而消失。可是誰又知道，二十年的怨恨竟是源於區區一塊美金的消失。猜疑是一種狹隘的、片面的、缺乏根據的盲目想像。陷入猜疑誤區的人會活得很累。如果猜疑發生在朋友之間，會破壞純真的友誼；發生在戀人之間，會妨礙感情的發展；發生在同事之間，會影響正常的工作。猜疑

心理不但害人，而且害己。哪怕是一點點猜疑，也可能讓你失去最珍貴的東西。

猜疑使我們產生猶疑，不能果斷地處理問題，因而錯失許多良機。猜疑會產生許多痛苦的細胞，使我們長夜難眠，因此，化解那些不必要的猜疑的最好方法就是相信自己。正常的人是無法擺脫猜疑的。良好心態的猜疑使我們保持理智，而狹隘的猜疑使我們喪失信心和鬥志。我們對春天猜疑，便會錯過秋天的豐收。

英國哲學家培根說：「猜疑的根源產生於對事物的缺乏認識，所以多瞭解情況是解除疑心病的有效辦法。」要採取用事實說話的方法，逐步消除自己的猜疑心。當你疑心別人在諷刺你、輕視你的時候，不要馬上採取行動，先觀察一下，你的猜疑是否正確。不妨設身處地地去為對方設想一下，看他的言行是否合乎情理。這樣一來，也許你會發現，事情常常和你猜想的不一樣。

換位思考，理解別人

▌ 大師如是說

　　總是疑，而並不下段語，這就是缺點。

——文學家、思想家魯迅

　　信任能產生一股奇妙的力量，一個人相信別人，是因為他的心中藏著真誠與美好，其實這個過程也是一個人自信的表現，他相信自己的判斷力，相信自身的魅力與鼓舞的力量。同樣因為得到他人的信任，每個人也會對自己充滿信心，圓滿地完成工作。在特定的環境條件下，這股巨大的信任的力量便會轉化成一種人類共惜的憐愛與堅強，從而創造出生命的奇跡。

　　一艘貨輪在煙波浩渺的大西洋上行駛。一個在船尾搞勤雜的黑人小孩不慎掉進了波濤滾滾的大西洋。孩子大喊救命，無奈風大浪急，船上的人誰也沒有聽見，他眼睜睜地看著貨輪拖著浪花越行越遠……求生的本能使孩子在冷冰的水裡拼命地游，他用全身的力氣揮動著瘦小的雙臂，努力使頭伸出水面，睜大眼睛盯著輪船遠去的方向。

船越來越遠，船身越來越小，到後來，什麼都看不見了，只剩下一望無際的汪洋。孩子力氣也快用完了，實在游不動了，他覺得自己要沉下去了。放棄吧，他對自己說。這時候，他想起了老船長慈祥的臉和友善的眼神。不，船長知道我掉進海裡後，一定會來救我的！想到這裡，孩子鼓足勇氣用生命中最後的力量又朝前游去……

船長終於發現那黑人孩子失蹤了，當他斷定孩子是掉進海裡後，下令返航回去找。這時，有人規勸：「這麼長時間了，就是沒有被淹死，也讓鯊魚吃了……」船長不為所動。又有人說：「為一個黑奴孩子，值得嗎？」船長大喝一聲：「住嘴！」終於，在孩子奄奄一息的最後時刻，船長趕到了，救起了孩子。

當孩子蘇醒之後，跪在地上感謝船長的救命之恩時，船長扶起孩子問：「孩子，你怎麼能堅持這麼長時間？」孩子回答：「我知道你會來救我的，一定會的！」「你怎麼知道我一定會來救你？」「因為我知道您是那樣的人！」

聽到這裡，白髮蒼蒼的船長緊緊地抱住了這個孩子，他覺得這是自己做過最正確的一件事情。

不相信別人，表面上看是對別人的猜疑，實際上也是對自己的一種不信任，至少是對自己信心不足。有些人在日常生活中總是認為別人在背後議論自己，看不起自己；還有一些人因為自己有過上當受騙的經歷，在被騙的過程中遭受了很大的精神損失和情感挫折，慢慢地

就不敢再相信別人了。一個充滿了自信心的人，對別人也會更加信任，當然也就不容易產生猜疑心理。而那些對環境、對他人、對自己缺乏信心的人，就會在人際交往中不自覺地抱著自我防衛心理，其實這就是一種作繭自縛。

一個人不僅要相信自己，更要相信他人。在面對問題的時候，除了冷靜思考外，還要多給別人一些信任，多給這個世界一些信任。在信任與理解中，每個人都會獲得快樂。信任的力量是無窮的。更何況，很多時候，我們的猜疑根本就是無中生有，既然如此，那在人際交往中，何不對他人多一分信任呢？

第二十一課

與他人和睦，與自身妥協

—— 人際關係是一種和諧的共生

把自己得意的事放在心上，
把朋友得意的事放在嘴上

■ 大師如是說

人生意味最忌狹小、淺薄、短近。

——著名思想家、哲學家梁漱溟

聰明的人會將自己的得意放在心裡，而不是放在嘴上，更不會把它當作炫耀的資本。當你和朋友交談時，最好多談對方關心和得意的事，這樣可以贏得對方的好感和認同，也會加深你們之間的感情。

有一個人剛調到市人事局，一個要好的同事也沒有，他自己也搞不清是什麼原因。原來，這個人認為自己正春風得意，對自己的機遇和才能滿意得不得了，每天都使勁向同事們炫耀他在工作中的成績，炫耀每天有多少人找他請求幫忙等「得意事」。但同事們不僅沒有人分享他的「得意」，而且還漸漸與他疏遠了。後來，還是他當了多年領導的老父親一語點破，他才意識到自己的癥結到底在哪裡。以後，每當他有時間與同事閒聊的時候，他總是把講話的機會讓給對方，久而久之，他的同事們都成了他的好朋友。

生活中這樣的人有很多。誠然，人在得意之時難免有張揚的欲望，但是要談論你的得意時，要注意場合和對象。你可以對你的家人談，讓他們以你為榮，但就是不要對失意的人談。因為失意的人最脆弱，也最敏感，你的言論在他聽來都充滿了諷刺與嘲諷的味道，讓失意的人感覺到你「看不起」他。你所談論的得意，對大部分失意的人是一種傷害，這種滋味也只有嘗過的人才知道。

　　失意者對你的懷恨不會立即顯現出來，但他會通過各種方式來洩恨，例如說你壞話、扯你後腿、故意與你為敵，主要目的則是——看你得意到幾時，而最明顯的則是疏遠你，避免和你碰面，以免再見到你，於是你不知不覺就失去了一個個朋友。隨意自誇是不善做人者的通病，為此常會敗事。只有改變這一點，才不會被人討厭，才有可能真正被人接納。

幫別人看住面子，你也更會有面子

一個人要想獲得精神上的滿足，主要在於能服役於別人，忘掉自己的利益，而為別人的利益著想。

——文學家、語言學家林語堂

有一段時間，通用電氣公司遇到一項需要慎重處理的問題——公司不知該如何安排一位部門主管查理斯的新職務。查理斯原先在電氣部是個一級技術天才，但後來被調到統計部當主管後，工作業績卻不見起色，原來他並不勝任這項工作。公司領導層感到十分為難，畢竟他是一個不可多得的人才，但他性格十分敏感。如果激怒惹惱了他，不定會出什麼亂子！經過再三考慮和協調之後，公司領導給他安排了一個新職位：諮詢工程師，工作級別仍與原來一樣，只是另換他人去接手他現在的那個部門。

對此安排查理斯自然很滿意。公司當然也很高興，因為他們終於把這位脾氣暴躁的大牌明星職員成功調遣，而且沒有引起什麼風暴。

一家管理諮詢公司的會計師說：「辭退別人有時也會令人煩惱，

被人解雇更是令人神傷。我們的業務季節性很強，所以，旺季過後，我們不得不解雇許多閒置下來的人員。我們這一行有句笑話：沒有人喜歡揮動大刀。因此，大家都很擔心，避之不及，唯恐那解雇人的任務就會安排到自己頭上。例行的解雇談話通常是這樣的：『請坐，湯姆先生。旺季已經過去了，我們已沒什麼工作可以交給你做了。當然，你也清楚我們……』」「除非不得已，我絕不輕易解雇他人，同時會儘量婉轉地告訴他：『湯姆先生，你一直做得很好（假如他真是不錯）。上次我們要你去油瓦克，那工作雖然很麻煩，但你處理得滴水不漏。我們很想告訴你，公司以你為榮，十分信任你，願意永遠支持你，希望你不要忘記這裡的一切』。如此，被辭退的人感覺好過多了，至少不覺得被遺棄。他們知道，如果我們有工作的話，一定會繼續留住他們的。要是等我們再需要他們的時候，他們也是很樂意再來投奔我們的。」

　　每個人都有自尊，都希望別人凡事都能顧及自己的面子！然而，我們卻很少有人會真正用心地考慮這個問題。我們總喜歡擺自己的臭架子，自以為是、挑剔、威脅，甚至當面指責雇員、妻子或孩子，而沒有多考慮幾分鐘，講幾句關心的話設身處地為他人想一下。果真如此，我們就可以避免許多尷尬的場面了。

光而不耀，一種圓潤的謙卑

▌大師如是說

以虛養心，以德養身，以仁義養天下萬物，以道養天下萬世。

——藝術家、教育家、思想家李叔同

在美國第十六任總統林肯的故居里，掛著他的兩張畫像，一張有鬍子，一張沒有鬍子。在畫像旁邊的牆上貼著一張泛黃的信紙，上面歪歪扭扭地寫著：親愛的先生，我是一個十一歲的小女孩，非常希望您能當選美國總統，因此請您不要見怪我給您這樣一位偉人寫這封信。如果您有一個和我一樣的女兒，就請您代我向她問好。要是您不能給我回信，就請她給我寫吧。我有四個哥哥，他們之中有兩人已決定投您的票。如果您能把鬍子留起來，我就能讓另外兩個哥哥也選您。您的臉太瘦了，如果留起鬍子就會更好看。所有女人都喜歡鬍子，那時她們也會讓她們的丈夫投您的票。這樣，您一定會當選總統。

在收到小格雷西的信後，林肯立即回了一封信。我親愛的小妹妹：收到你十五日的來信，非常高興。我很難過，因為我沒有女兒。

我有三個兒子，一個十七歲，一個九歲，一個七歲。我的家庭就是由他們和他們的媽媽組成的。關於鬍子，我從來沒有留過，如果我從現在起留鬍子，你認為人們會不會覺得有點可笑？忠實地祝願你。

　　第二年二月，當選總統的林肯在前往白宮就職途中，特地在格雷西居住的城市韋斯特菲爾德停了下來。他對歡迎的人群說：「這裡有我的一個小朋友。我的鬍子就是為她留的。如果她在這兒，我要和她談談。她叫格雷西。」這時，小格雷西跑到林肯面前，林肯把她抱了起來，親吻她的面頰。小格雷西高興地撫摸林肯又濃又密的鬍子。林肯對她笑著說：「你看，我讓它為你長出來了。」

　　林肯，這位英雄的總統，一生以其謙和、寬容、誠信、善良的品性著稱於世。他的光輝形象也因此而永遠留在人們的心中。從故事中，我們感受到的就是他的那份非同尋常的謙和。曾有位偉人說：「一個人真正偉大與否，要看他對待小人物的態度。」

　　有一天，蘇格拉底的弟子聚在一起聊天，一位出身富有的學生誇耀他家在雅典附近擁有一片廣闊的田地。當他在吹噓的時候，一直在旁邊不動聲色的蘇格拉底，拿出一張地圖說：「麻煩你指給我看，亞細亞在哪裡？」「這一大片全是。」學生指著地圖洋洋得意地說。「很好！那麼，希臘在哪裡？」蘇格拉底又問。學生好不容易在地圖上找出一小塊來，但和亞細亞相比，實在是太微小了。「雅典在哪兒？」

蘇格拉底又問。「雅典，這就更小了，好像在這兒。」學生指著一個小點說著。最後，蘇格拉底看著他說：「現在，請你指給我看，你那塊廣闊的田地在哪裡呢？」學生滿頭大汗地找也找不到，他的田地在地圖上連一絲影子也沒有。他尷尬地回答道：「對不起，老師，我錯了！」

自負者的致命弱點是不願意改變自己的態度或接受別人的觀點，接受批評並不是讓自負者完全服從他人，只是希望他們能夠接受別人的正確觀點，通過接受別人的批評，改變過去固執己見、唯我獨尊的形象。

我們所擁有的一切，和偉大的宇宙相比，實在是微不足道。當我們能以一顆謙卑的心面對世界時，那才是一種真正高尚的情操。請記住泰戈爾說過的一句話：當我們是大為謙卑的時候，便是我們最近於偉大的時候。

從他人立場出發考慮問題

合群有一條基本規則，就是時時要替別人想想，時時要想想「假使我做了他，我應該怎樣？」我受不了的，他受得了嗎？我不願意的，他願意嗎？」

——著名學者胡適

《點石成金》一書的作者古德說：「當你處理自己的事，有謹慎的反應，暫且停下一會兒，把你對別人的一點關懷，做一個小小的比較，你將會明瞭人與人的關係。」換句話說，若要使他人樂於按照你的意願去行事，就應該從他人的立場出發考慮問題。

美國著名人際關係大師戴爾・卡耐基描述了自己的一段經歷：

我常常在家附近的一座公園內散步，作為消遣。因此我漸漸對花木起了愛護之心，每當有火燒樹林的消息傳來，我便會感到十分難過。樹林起火的原因大多是孩子們在林間生火做飯造成的。有時火勢

相當大，非得借助消防隊才可撲滅。雖然這座公園內立著一塊警告牌，縱火者將受到處罰……但是因地處偏僻，員警又疏於管理，以至於公園內火災頻繁。

記得有一次，我匆匆跑去告訴員警，公園內有火星在擴散，請他立即通知消防隊去撲火。可是他表現出一副漠不關心的態度，並且說那不是他負責的管區，不關他的事。

自從那次後，我便常常騎著馬，由自己來擔任維護公共財產的職務。最初，我一看到孩子們在樹下生火野餐時，就會立即跑過去，用嚴厲的口吻恐嚇他們：在樹下生火將會被拘捕關禁，要他們馬上將火熄滅。其實，我不該這樣做的，因為我這樣做只是宣洩了自己內心的情感，而絲毫沒有考慮孩子們的感受。他們雖然照著我的話做了，心裡卻很不是滋味，所以我一離開，他們又把火點了起來。

幾年後，我開始感到該向別人多學學怎樣以他人的觀點去看待一件事物，於是我不再去命令別人。我在公園裡再遇到玩火的孩子，我就對他們說：「嗨！小夥子們，你們玩得還高興嗎？你們要拿什麼做野餐呢？我小的時候，也和你們一樣，喜歡在野外生火做飯，現在回想起來還是挺有意思的。但是你們可別忘了，在公園內生火是很危險的，我知道你們不會惹麻煩，因為你們都是好孩子，而其它的孩子們看到你們在生火，必然也會跟著玩起火來，回家的時候未把火熄滅，將會導致樹葉、樹木被火星所引燃，而發生火災。要知道，若我們不好好愛護花草樹木，這公園內就會沒有樹木了。你們大概不知道，在公園內玩火是會坐牢的。我不打算干涉你們，只希望你們別把火靠近

樹葉，並且在回家時別忘了將火熄滅。假如你們下回還想玩，我建議你們去沙灘上玩，在那裡就不會有什麼危險。謝謝你們的合作，祝你們玩得愉快。」

這樣說，效果真的很驚人，孩子們都很樂意跟我合作。他們沒有埋怨及反感，也沒有感到被人強迫服從命令，而是認為他們保全了面子與自尊。最後，不光我覺得滿意，他們也覺得高興，那是因為我考慮到了他們的立場。

假如期望別人去完成一件事，不妨以對方的觀點來想一想，默問自己：「他這樣做的用意何在呢？」雖然那是很耗時且麻煩的，但那樣做的話將會減少很多摩擦和不愉快，從而獲得更多的友誼。

能處處為人設想，並以對方的觀點去對待事情，這將會影響你往後的社會交往及事業成就。因此，你若想贏得別人對你的贊同，就必須做到：從他人立場出發去考慮問題，審察事件。

第二十二課

接受它，想著它，看透它

—— 一呼一吸間看透生死的必然

人生是一個自然規律

古教堂、舊式傢俱、版子很老的字典以及古版的書籍，我們是喜歡的，但大多數的人忘卻了老年人的美。這種美是值得我們欣賞，在生活中是十分需要的。我以為古老的東西，圓滿的東西，飽經世變的東西才是最美的東西。

——文學家、語言學家林語堂

明代學者徐文長寫過一首五律〈讀莊子〉：莊周輕死生，曠達古無比。何為數論量，生死反大事？乃知無言者，莫得窺其際。身沒名不傳，此中有高士。徐氏說莊子「輕生死」，這個「輕」字並非輕視、侮蔑之意，而是表示一種淡然的態度。這種看破生死的態度，早已經消除了對生的執著和對死的恐懼。莊子不為生死煩憂，聽從生命的自然安排。這一點可從南懷瑾先生講述的一個故事窺見一斑。

莊子的妻子去世後，老朋友惠施來弔喪，結果看見莊子席地而坐，兩腿叉開。這是一種很不合禮儀的坐法，惠施有些不滿了。結果

莊子竟然還「鼓盆而歌」。惠施就很生氣：「你妻子給你生兒育女，與你共同生活，身老而死。你不哭就算了，還敲著盆子唱歌，真是過分。」莊子便告訴老朋友自己的想法，他認為人的生死變化，如同四季運行，春夏秋冬不斷變換交替也是自然而然的事情。這是天命，既然天道如此，又何必哭泣呢！ 看透生死，節哀順變，一切隨遇而安，就不會在人生的旅途中為生死而飽受困擾。一個人活在這個世界上，是順著生命的自然之勢來的；年齡大了，到了要死的時候，也是順著自然之勢去的。

生死的問題看空了，隨時隨地心安理得、順其自然，自己就不會被大起大落的感情所擾亂了。生命活著的時候，把握現在的時間，現在就是價值，要回去的時候就回去，所以一切環境的變化、身心的變化也都與之沒有關係，因為這些都是自然本來的變化。這個道理弄通了，就會達到「哀樂不能入」的境界，也就是喜怒哀樂都無所謂，都不入於心中。

說到安之若命，就像中國人常說「這就是命」，很多人覺得這種思想就是消極、悲觀的。其實不然，很多鄉野老嫗，可能一輩子沒有離開過村子，整日裡在田間勞作，非常辛苦。外人如果問起來：「很辛苦吧。」他們可能會淡然地回答：「沒什麼，是命。」這樣豁達的態度，比起很多所謂的大哲學家要更通達。如此才是一種達觀人生。

接受它，想著它，看透它

一般人對於生死問題是看不開的，不但生病時窩窩囊囊，哎呀哎呀叫，讓在旁邊照料的親友心驚肉跳；死時更顛顛倒倒，痛苦得很，自身做不了主，拖累了別人。我們的人生精進，無非是要突破生死的限制，解脫生生世世的輪迴之苦。

——著名學者南懷瑾

「對酒當歌，人生幾何？譬如朝露，去日苦多。」曹操這一名句傳為千古佳唱，其詩於雄健之中透出了對人生短促的無奈。死亡不僅是英雄人物的歸宿，也是每個普通人的宿命，因此，死亡是人生中的一個基本問題。

人們在對待「死亡」這一自然事件上的態度各有不同的。東方人把死亡當作一種忌諱；西方人大都把死亡作為一種人生的歸宿，處之坦然。東方人的陵園種滿參天松柏，鬱鬱蔥蔥的綠色下掩映的是讓人覺得陰冷詭異的樹蔭；西方人的墓地基本上沒有高樹，陵墓散落在綠色的草坪上，迎著陽光。東方人的墓碑多為黑底刻字，莊重陰森；西方人的墓碑多為白色，刻上有意義的墓誌銘⋯⋯

的確，正如安妮寶貝在讀完童話小說《天藍色的彼岸》後說：「人與人之間最大的區別其實是他們對待死亡的態度。」如何面對死亡，決定了他們如何選擇對待生命的方式。但是要知道，死不是絕對的終結和虛無。它教導我們：要珍惜生，但並不必去畏懼死。

　　西方哲學家藍姆・達斯曾講了一個真實的故事。

　　一個因病而僅剩下數周生命的婦人，一直將所有的精力都用來思考和談論死亡有多恐怖，以安慰自己的內心。以垂死之人著稱的藍姆・達斯直截了當地對她說：「你是不是可以不要花那麼多時間去想死，而把這些時間用來活呢？」那婦人覺得非常不快，但當她看到藍姆・達斯眼中的真誠時，便慢慢地領悟到他話中的誠意。「說得對！」她說，「我一直考慮死亡，完全忘了該怎麼活了。」一個星期之後，那婦人還是過世了。她在死前充滿感激地對藍姆・達斯說：「過去一個星期，我活得要比前一陣子豐富多了。」

　　不要被死亡遮住生的視線，你就無法體驗到生命的快樂。婦人不再把死放在心上，她就收穫了人生中最豐富的一周的生命。

　　著名哲學家海德格爾認為，生活本身是具有某種額外的肯定力量的，即使生活中的不幸不足以被其包含的好事所蓋過，生活仍然是值得一過的。的確，死亡總是我的，別人不能把我的死拿過去，死亡是誰也替代不了的，是和別人毫無關聯的，可以說死亡是世界上最私有的東西，每一個人都只能自己去承擔自己的死，誰也幫不上忙。

人之生必然相伴於死，我們每個人從生下來的那一刻開始，便步入了走向死亡的過程。那麼，我們在生的過程中就應該去體驗生、去沉思生，去由對死的叩問而讓自我的生命獲得更為長足的發展，從而使我們的生活更加有價值。

壽夭得失，都是塵埃的瞬間

■ 大師如是說

人活得太久，對眾生的相，看得透透徹徹，反而鼓舞時少，歎息時多。

——東方學大師，北大終身教授季羨林

生死相對，同時相成，生命中不能缺少死亡這一環，雖然死亡是人生必然經歷的過程，但人人都怕死。平常人懼怕死亡，是因為不知道人死之後要去向何處。然而，死也是人生義務之一，在因果迴圈中，生命過程中的苦與樂、逆與順、成與敗、得與失、壽與夭、健康平安與多災多難，都應該面對並接受。人生的兜兜轉轉，猶如樹葉的輪迴，循環往復間，沒有永生，也沒有消亡。每段生命的開始意味著過去的隕落，每段生命的結束又昭示著下一個未來。

人們總是問佛陀：「佛死了到什麼地方去呢？」佛陀總是微笑著，保持沉默，什麼話也不說。但是，這個問題一次又一次地被提出來，為了滿足人們的好奇心，佛陀對他的弟子說：「拿一支小蠟燭

來，我會讓你們知道佛死了到什麼地方去。」弟子急忙拿來了蠟燭，佛陀說：「把蠟燭點亮，然後拿過來靠近我，讓我看看蠟燭的光。」弟子把蠟燭拿到佛陀面前，用手遮掩著，生怕風把蠟燭吹滅了。但是，佛陀訓斥他的弟子說：「為什麼要遮掩呢？該滅的時候自然會滅，遮掩是沒有用的。就像死，同樣也是不可避免的。」於是，佛陀吹滅了蠟燭，說：「有誰知道蠟燭的光到什麼地方去了？它的火焰到什麼地方去了？」弟子們你看我，我看你，誰也說不上來。佛陀接著說：「佛死就如蠟燭熄滅，蠟燭的光到什麼地方去了，佛死了就到什麼地方去了。和火焰熄滅是一樣的道理，佛陀死了，他就消失了。他是整體的一部分，他和整體共存亡。火焰是個性，個性存在於整體之中，火焰熄滅了，個性就消失了，但是整體依然存在。不要關心佛死後去了哪裡，他去了哪裡不重要，重要的是如何成佛。等到你們頓悟的時候，你們就不會再問這樣的問題了。」

　　不論是人的死亡，還是佛的死亡，都如燈滅一般，但即使燈滅了，也並非什麼都沒有了。曾經的光依然在閃爍，蠟燭的意義在於其燃燒的過程。生生死死，且由他去，不要執著於如何永生，也不要總惦記著人究竟如何做才能在死後上達四方樂土，這都是虛無縹緲、無蹤可覓的烏有，最好趁生命還在時，多做善事，認真修行。面對死亡，要有如落葉歸根的自然；要有如空山圓月的明淨。纏繞心靈的那條生死線，只有自己才解得開。

　　「落紅不是無情物，化作春泥更護花。」人也該如此，在自己有

限的生命中，將生命的光與熱發揮到極致，為更多的人帶來幸福，也給自己的人生創造出更大的意義。深秋時分的風，吹在身上總是有些涼。但若慢慢地張開十指，任風從指間穿行，那一刻，你手中可以握住一片落葉，或者是一粒塵埃，或者是一束陽光，不管是什麼，你都曾經把握住了那一瞬間。

易朽的是生命，永存的是生的激情

▌ 大師如是說

　　使一個人有限的生命，更加有效，也即等於延長了人的生命。

　　　　　　　　　　　　　　　　　　——文學家、思想家魯迅

　　天地造化賦予人一個生命的形體，讓人勞碌度過一生，到了生命的最後才讓人休息，而死亡就是最後的安頓，這就是人一生的描述。

　　生命是虛無又短暫的，它如流水般消逝，永遠不復回。一個人只有真正認清了生命的意義、生命的方向，善於好好地活著，也才能更好地理解死亡。

　　她是一個年輕的護士，大部分時間都是在病房裡度過，病人床頭的花開花謝讓她深刻地感受到生命的脆弱。有時候，她甚至覺得病人床頭大朵綻放的花彷彿渾然不知死亡的存在，冰冷的花蕊就像一隻嘲弄的眼睛。因此，她一點也不喜歡花。

　　一天，病房裡一個新來的男孩送給她一盆花，她竟然沒有拒絕。

也許是為了他的稚氣、孩子一般的笑容，也許是怕傷害對方的心。從他搬進來的第一天起，她就知道他再沒有機會離開這間病房了。

那次，他趁她不注意的時候偷偷地溜到外面去玩，回來的時候正好碰見了她。他像一個做錯事的孩子一樣站在她面前，低著頭一聲不吭。到了傍晚，她的桌上多了一盆三色菫，紫、黃、紅，斑斕交錯，像蝴蝶展翅，又像一張頑皮的鬼臉，旁邊還附上一張小條子：「想知道你不高興的樣子像什麼嗎？」她忍俊不禁。第二天她就收到了他送的一盆太陽花，小小圓圓的紅花，每一朵都是一個燦爛的微笑：「想知道你笑的樣子像什麼嗎？」

後來，他帶她到附近的小花店閒逛，她這才驚奇地知道，世上居然有這麼多種花，玫瑰深紅，康乃馨粉黃，馬蹄蓮幼弱婉轉，鬱金香豔異咄咄，梔子香得動人魂，而七里香更是儡人心魄。她也驚奇於他談起花時燃燒的眼睛，彷彿在那裡面燃燒著生命的光芒。

他問：「你愛花嗎？」「花是無情的，不懂得生命的可貴。」

他微笑著告訴她：「懂得花的人，才會明白花的可敬。」

一個烈日炎炎的中午。她遠遠看見他在住院部的花園裡呆站著，她剛要喊一聲，他聽到了腳步聲，急切回身，食指掩唇：「噓——」

那是一株矮矮的灌木，綴滿紅色燈籠的小花，此時每一朵花囊都在爆裂，無數花子四周飛濺，彷彿一場密集的流星雨。他們默默地站著，見證了一種生命最輝煌的歷程。

第二天，他送給她一個花盆，盆裡只有滿滿的黑土。他微笑著說：「我把昨天撿回來的花籽種在盆裡了，一個月後就會開花。」

三天後，深夜，他床頭的急救鈴聲突然響起。她第一時間衝到病人的身邊，在家屬的眼淚中，她知道一切都已經太晚了。在生命的最後時刻，他始終保持奇異的清醒，對身邊的每一個人露出了一個燦爛的笑容，那笑容像剛剛展翅便遭遇風雪的花朵，漸漸凍凝成化石。

她並沒有哭，每天給那盆光禿禿的土澆水。後來，她到外地出差一個星期，回來後，發現那盆花不見了。同屋的女伴看見花盆裡面什麼都沒有種，就把它扔到窗外了。

又過了一段時間，她打開桌前久閉的窗，整個人驚呆了——

窗戶下，窗前的泥土裡長出了一株瘦瘦的嫩苗，青翠欲滴，還有一個羞澀的含苞，好像一盞燃起的生命之燈。這時，她忽然懂得了生命的真諦。

易朽的是生命，似那轉瞬即謝的花朵；然而永存的，是對生的激情。每一朵勇敢開放的花，都是一個面對死亡的燦爛微笑。死是生的結束，也是另一個生的開始。

人生如白駒過隙，生命如驚鴻一瞥，一個人看透了生死的意義，看清了生命的價值，生如夏花，善其身者自然能善其死。

第二十三課

牽著蝸牛去散步

—— 樂活當下，讓過去止於昨日

快樂活在此刻，盡心就是完美

▌大師如是說

吃飯好好吃，睡覺好好睡，走路好好走，說話好好說。

——著名學者辜鴻銘

何謂「活在當下」？其實很簡單：吃飯就是吃飯，睡覺就是睡覺，沒有過去拖著你的腳步，亦沒有未來拉扯你的目光，你全部的能量都集中在這一刻，集中在「現在」的人和物上面，生命因此生長出一種強烈的張力。

然而，世俗之中又有多少人無法專注於當下，他們背負著過去，憂慮著未來，卻對眼前的一切視若無睹，便永遠到不了心靈的淨土。

宇宙每一瞬都在改變，我們的每一瞬，都是活在當下。生活從來不在別處，只在眼前明明白白的每一分每一秒。

日本的親鸞上人九歲時，就已立下出家的決心，他要求慈鎮禪師為他剃度，慈鎮禪師就問他說：「你還這麼年少，為什麼要出家呢？」

親鸞說：「我雖年僅九歲，父母卻已雙亡，我不知道為什麼人一定要死亡？為什麼我一定非與父母分離不可？為了探究這層道理，我一定要出家。」慈鎮禪師非常嘉許他的志願，說道：「好！我明白了。我願意收你為徒，不過，今天太晚了，待明日一早，再為你剃度吧。」親鸞回答道：「師父！雖然你說明天一早為我剃度，但我終是年幼無知，不能保證自己出家的決心是否可以持續到明天。而且，師父，你年事已高，你也不能保證你是否明早起床時還活著。」慈鎮禪師聽了這話，拍手叫好，並滿心歡喜地說道：「對的，你說的話完全沒錯！現在我馬上就為你剃度吧！」

　　路就在腳下，現在不做，更待何時？來生的緣，可以是今生結下的；來生的果，可以是今生種下的。前世的債，今生正在還。還不清，來生還得繼續；前世的緣，今生正在實現，好不容易盼到了，還不好好把握？過去的只是雜念，就讓它在時間的沙河中淘盡；未來的只是妄想，請用淡然的心去等待；我們能夠抓住的，只有此時此刻的心境；保護這份恬適，就是謹守自己當下的本分。

　　有個小和尚負責清掃寺院裡的落葉。這是件苦差事，秋冬之際，每次起風，樹葉總是隨風飛舞。每天都需要花費許多時間才能清掃完樹葉，這讓小和尚頭痛不已。他一直想找個好辦法讓自己輕鬆些。後來有個和尚跟他說：「你在明天打掃之前先用力搖樹，把落葉都搖下來，後天就可以不用掃落葉了。」小和尚覺得這是個好辦法，於是隔

天他起了個大早，使勁地搖樹，以為這樣就可以把今天跟明天的落葉一次掃乾淨了，他一整天都很開心。第二天，小和尚到院子裡一看，不禁傻眼了，院子裡如往日一樣滿地落葉。老和尚走了過來，對小和尚說：「傻孩子，無論你今天怎麼用力，明天的落葉還是會飄下來的。」小和尚終於明白了，世上有很多事是無法提前的，唯有認真地活在當下，才是最真實的人生態度。

小和尚是勤奮而且虔誠的，但是人生經驗的缺失使他執迷於及早地擺脫苦惱，甚至在今天就想化解掉明日的憂愁。他不明白，人每一天都要面對嶄新的生活，每一天都有每一天的人生功課。

人只活在當下，沒有你之前，地球已然存在，有了你之後，地球依然存在。茫茫塵世間，人不過就是一粒浮塵，來自偶然，也不知去向何處。今世做人，就做好人的本分，不必去追問前生，亦不必去幻想來世。

享受當下的平安與喜樂

▌ 大師如是說

　　活得純粹，才能活得自在。

　　　　　　　　　　　　——西洋文學家、文學評論家吳宓

　　有的人會把當下的平安和喜樂看作生活的一種恩賜，懷著感恩的心情去享受；有的人則會將手中的喜樂隨意丟棄，即使已經擁有了很多幸福的事物，他卻根本看不見，還會為了那些沒有得到的東西而不停地抱怨；還有很多人只懂得為錯過的太陽而流淚，卻眼睜睜地看著群星從眼前消失，最後，一切都成為煙雲，一切都成為虛無。

　　對我們而言，生命如此寶貴，但也十分短暫。既然活著，就應該好好地唱歌，活著就應該開心地笑。

　　一位智者旅行時，曾途經古代一座城池的廢墟。歲月已經讓這座城池滿目瘡痍，但依然能看出昔日輝煌時的風采。智者想在此休息一下，就隨手搬過一個石雕坐下來。

他望著廢墟，想像著曾經發生過的故事，不由得感慨萬千。

忽然，他聽到有聲音說：「先生，你感歎什麼呀？」

他四下裡望瞭望，卻沒有人，不由得疑惑起來。那聲音又響起來，原來聲音來自那個石雕───一尊「雙面神像」。

他從未見過雙面神，就好奇地問：「你為什麼會有兩副面孔呢？」

雙面神說：「有了兩副面孔，我才能一面察看過去，牢牢吸取曾經的教訓；一面瞻望未來，憧憬無限美好的明天。」

智者說：「過去的只能是現在的逝去，再也無法留住；而未來又是現在的延續，是你現在無法得到的。你不把現在放在眼裡，即使你能對過去瞭若指掌，對未來洞察先知，又有什麼實在意義呢？」

聽了智者的話，雙面神不由得痛哭起來：

「很久以前，我駐守這座城池時，自詡能夠一面察看過去，一面又能瞻望未來，卻唯獨沒有好好把握現在。結果這座城池便被敵人攻陷了，美麗的輝煌都成了過眼雲煙，我也被人們唾　而棄於這廢墟中。」

故事中的雙面神自詡能夠察看過去，也能瞻望未來，但他忘記了最重要的現在。其實，生活中的悲觀者和空想者也是如此。悲觀者總

是活在過去，他們沉浸在已經發生過的災難裡無法自拔，不會把握現在，也看不到未來，只會反覆重溫已經無法彌補的傷痛。空想者總是活在未來，還沒有買彩票，就開始考慮中了五百萬以後要如何分配這些錢財，如同寓言故事裡的兩兄弟：看見一隻雁飛過，他們便開始爭吵，這隻雁究竟是要清燉還是紅燒，等他們吵出結果時雁早就飛走了。

我們總是急著等待節假日的來臨，總是盼望孩子快快長大，總是設想自己退休在家的悠閒自在。

我們總是透支生活中的煩惱，不是為昨天的逝去而懊喪，就是為明天的到來而擔憂，根本沒有時間享受此刻生活的輕鬆。

所以，就在現在，享受你正在做的，活在當下。

踏實於現在，才能少一些歎息

■ 大師如是說

殺了「現在」，也便殺了「將來」。

——文學家、思想家魯迅

時間的過去、現在和未來是互相交錯不可分割的，所以說過去就是未來，未來也就是過去，現在就是過去以及未來。但是我們很容易發現，在現實世界中，時間自然而然的流逝總讓我們忽視了對生命的思索。不要被時間矇騙，以為過去的已經過去，未來的一定會來，現在的永遠不變。在時間的脈絡中，我們唯一能夠把握的就是現在，所以，不要牽掛過去，不要擔心未來，便能與過去和未來同在。

艾森豪是美國歷史上一位受人尊敬的總統。在他年少的時候，曾經一次和家裡人一起玩紙牌遊戲。幾局下來，他抓的牌都不好，於是他就很不高興。他的母親看到這種情形，就認真地告訴他，不管你手中的牌如何，都只能用現在手裡的牌繼續玩下去。之後，母親又語重心長地告訴他，人生同玩牌一樣，不管有什麼樣的人生際遇都要接受

現狀，然後再竭盡全力爭取最好的結果。母親的一些話對他產生了很大的觸動。此後，艾森豪從沒有對生活抱怨過，腳踏實地地做好當下的事情。即使身處逆境，也不怨天尤人，而是以積極樂觀的人生態度去把握當前的局面。他也經歷了人生的飛躍，從一個出身平民家庭的孩子，到中校、盟軍統帥，最後成為美國的第三十四任總統。

「山花開似錦，澗水湛如藍。」如錦緞般盛開的鮮花，雖然轉眼便會凋謝，但依然不停地奔放綻開，碧玉般的溪水，雖然映照著同樣蔚藍如洗的天空，卻每時每秒都在發生變化。世界是美麗的，但似乎所有的美麗都會轉瞬而逝。生命的意義在於過程，抓住瞬間消失的美麗，就是一種收穫。時間像是一支弦上的箭，它是單向的，不能回頭，所以我們要把握住現在、今朝，認真地過好當下的每一分鐘。

人到中年，他總覺得自己人生不順，非常想找一位卦師占卜，想要知道自己的後半輩子際遇如何。一位哲學家朋友攔住了他，說：「過去的已經過去，無法改變，而以後的事情又離你還很遙遠。你為什麼不抓住現在的時間做點事，而一定要去知道虛無縹緲的未來呢？」

中年人聽完之後，恍然大悟，說：「我明白我之所以前半生無所作為的原因了。因為我過去要麼沉浸在往事的回憶上，要麼就是憑空想像自己今後的人生，唯獨沒有好好把握住當下的時間去好好工作。」

人生如白駒過隙。即使擦肩而過的一些人或事遠離我們的時候，想要去挽留、去彌補都是不現實的。我們能夠把握的只有當下而已。如果再不捕捉到當下的幸福，也會匆匆而過的。所以，要學會把握住當下，才能少一些歎息。

未來模糊，重視手邊清楚的現在

將來現在將來，於現在有意義，才於將來會有意義。

——文學家、思想家魯迅

　　一八七一年春天，一個蒙特端綜合醫院的醫學院學生偶然拿起一本書，看到了書上的一句話，就是這句話改變了這個年輕人的一生。它使這個原來只知道擔心自己的期末考試成績、將來的生活何去何從的年輕醫學院的學生，最後成為了他那一代最有名的醫學家。他創建了舉世聞名的約翰‧霍普金斯學院，被聘為牛津大學醫學院的欽定講座教授，還被英國國王冊封為爵士。他死後，他的一生用厚達一四六六頁的兩大卷書才記述完。他就是威廉‧奧斯勒爵士，而下面，就是他在一八七一年看到的由湯馮士‧卡萊裡所寫的那句話：「人的一生最重要的不是期望模糊的未來，而是重視手邊清楚的現在。」

　　我們不知道自己的生命到底有多長，但我們卻可以安排當下的生

活。只要把握好現在，我們的人生就不會失色。湯馮士‧卡萊的話不僅改變了威廉‧奧斯勒的人生，也對其它人產生了影響，哥本哈根大學的學生卓根‧朱達就是一例。

　　有一年暑假，他去當導遊，因為他總是高高興興地做了許多額外的服務，因此幾個芝加哥來的遊客就邀請他去美國觀光。旅行路線包括在前往芝加哥的途中，到華盛頓特區做一天的遊覽。卓根抵達華盛頓以後就住進威樂飯店，他在那裡的帳單已經預付過了。他這時真是樂不可支，外套口袋裡放著飛往芝加哥的機票，褲袋裡則裝著護照和錢。當他準備就寢時，才發現皮夾不翼而飛。他立刻跑到櫃檯那裡。「我們會儘量想辦法。」經理說。次日一早，仍然找不到，卓根的零用錢連兩塊錢都不到。自己孤零零一個人待在異國他鄉應該怎麼辦呢？是打電報給芝加哥的朋友向他們求援，還是到丹麥大使館去報告遺失護照，還是坐在警察局裡乾等？他突然對自己說：「不行，這些事我一件也不能做。我要好好看看華盛頓。說不定我以後沒有機會再來，現在仍有寶貴的一天待在這個城市裡。好在今天晚上還有機票到芝加哥去，一定有時間解決護照和錢的問題。」「我跟以前的我還是同一個人，那時我很快樂，現在也應該快樂呀。我不能白白浪費時間，現在正是享受的好時候。」於是他立刻動身，徒步參觀了白宮和國會山，並且參觀了幾座大博物館，還爬到華盛頓紀念館的頂端。他去不成原先想去的阿靈頓和許多別的地方，但他看過的，他都看得更仔細。他買了花生和糖果，一點一點地吃，以免挨餓。等他回到丹麥以後，這趟美國之旅最使他懷念的卻是在華盛頓漫步的那一天——如

果他沒有運用做事的祕訣，就會讓那一天白白溜走。「現在」就是最好的時候，他知道在「現在」還沒有變成「昨天我本來可以……」之前就把它抓住。

　　曾經有兩位哲人遊說於窮鄉僻壤之中，對前來聽教的人說了一句流傳千古的話：「不要為明天的事煩惱，明天自有明天的事。只要全力以赴地過好今天就行了。」

　　在這個世界上，有許多事情是我們所難以預料的。你左右不了變化無常的天氣，卻可以調整自己的心情；我們不能控制機遇，卻可以掌握自己；我們無法預知未來，卻可以把握現在；我們不知道自己的生命到底有多長，但我們卻可以安排當前的生活。只要把握好現在，我們的人生就一定不會失色。

看腳下，享今生

■ 大師如是說

我們做過的事，遇到的人，以及所有的喜怒悲歡，都會濃縮成一個很感傷的詞——過去。得失也好，成敗也罷，無論快樂，還是痛苦，都過去了，你只能回憶，而無法回去。所以，生活應該向前看的，只有把自己從過去中解放出來，你前面的腳下才有路。

——著名學者南懷瑾

活在當下就是要你把關注的焦點集中在當下的人、事、物上面，全心全意地去接納、品味、投入和體驗這一切，這是一種全身心地投入人生的生活方式。

有一天，老禪師帶著兩個徒弟，提著燈籠在黑夜行走。一陣風吹來，燈滅了。

「怎麼辦？」徒弟問。

「看腳下！」師父答。

師父接著說：「當一切變成黑暗，後面的來路與前面的去路都看不見，如同前世與來生都摸不著。我們要做的是什麼？當然是『看腳下，看今生』。」

　　許多人專注於來生與前世。因為那讓我們能對今生的不幸用前世做藉口，說那是前世欠下的；也能對今生的不滿用來生做憧憬，說可以等待來生再實現。

　　問題是，哪個「今生」不是「前世」的「來生」？哪個「今生」不是「來生」的「今生」？來生的緣，是今生結下的；來生的果，是今生種下的。前世的債，今生正在還，如果還不清，來生還得繼續；前世的緣，今生正在實現，好不容易盼到了，還不好好把握。

　　然而，大多數的人都不專注於現在，他們總是想著明天、明年甚至下半輩子的事，時時刻刻都將力氣耗費在未知的未來，卻對眼前的一切視若無睹，因而也就永遠不會得到快樂。認真地活在現在，全神貫注於周圍的事物，快樂便會不請自來。

　　或許人生的意義不過是嗅嗅身旁每一朵綺麗的花，享受一路走來的點點滴滴。畢竟，昨日已成歷史，明日尚不可知，只有現在才是上天賜予我們最好的禮物。

第二十四課

永遠推波助瀾般地成長

——滿懷希望，持正能量前行

用期盼給你的人生「升級」

▎**大師如是說**

　　永遠對生活充滿希望，對於困境與磨難，微笑面對。多看書，看好書。要有夢想，即使遙遠。做該做的事，見想見的人，吃好吃的東西。

——著名學者南懷瑾

　　對未來充滿盼望的人，即使在惡劣的環境中，也能找到自身的閃光點，為自己鋪就一條光明大道。雖然有時候，期盼只是一種精神力量，無法立竿見影地起到決定性的作用，但卻能在絕望的時候，給人支持。

　　擁有對未來的期盼會為人生「升級」，為人生增添鮮亮的色彩。

　　在一座荒蕪的山上，曾經有兩塊相同的石頭，三年後，它們的命運卻發生了巨大的變化。一塊石頭受到很多人的敬仰和膜拜，而另一塊石頭卻受到別人的唾　。受人唾　的石頭極不平衡地說道：「老兄

呀，在三年前，我們同為一座山上的石頭，今天產生這麼大的差距，我的心裡特別痛苦。」另一塊石頭答道：「老兄，你還記得嗎？三年前，我們都厭惡了這座荒僻的山，但你認為既然在這個環境裡，就只能忍受，而我主動要求雕刻家為我雕塑。所以，差距就此產生。」

環境如何並不能成為消極被動的藉口，那塊沒有改變的石頭不懂這一點，因而一味把責任推給環境。一個人如果養成了消極的習慣，那麼當他處於順境時便盲目滿足、放棄努力，遇到成功便自我滿足、停滯不前；處於逆境便輕易退縮、灰頭土臉，遇到困難便輕言放棄、怨天尤人，這是消極的種子最容易破土發芽的環境。

二戰時期，在納粹集中營裡，一個猶太女孩寫過這樣一首詩：

這些天我一定要節省，雖然我沒有錢可節省；

我一定要節省健康和力量，足夠支持我很長時間；

我一定要節省我的神經、我的思想、我的心靈和我精神的火；

我一定要節省流下的淚水，我需要它們安慰我；

我一定要節省忍耐，在這些風暴肆虐的日子，

在我的生命裡我多麼需要溫暖的情感和一顆善良的心。

這些東西我都缺少，

這些我一定要節省。

這一切，上帝的禮物，我希望保存。

我將多麼悲傷，

倘若我很快就失去了它們。

在惡劣的環境下，小女孩一直用稚嫩的文字給自己弱小的靈魂取暖，用堅韌的希望照亮黑暗的角落。很多人在絕望中死去，而這個小女孩終於等到了二戰結束，看到了新生的曙光，迎來了新的生活。

決定我們命運的不是環境，而是心態。無論身處什麼樣的環境，一旦養成了消極被動的工作態度和習慣，人就很容易變得不思進取、目光狹隘，慢慢地喪失活力與創造力，忘記了自己當初信誓旦旦的人生信條與職業規劃，最終走向好逸惡勞、一事無成的深淵。

環境怎樣是好，怎樣是壞？標準並不在於環境本身，而在於人如何自處。置身其間，不迷失自己，保持積極主動的精神，這樣的環境再壞也是好環境；反之，再好的環境也是壞環境。

環境對人雖然確實有一定的外在影響，但最關鍵的還是人自身的主觀能動性，順境或逆境都不能成為消極被動的藉口。難怪有人說，我們的環境——心理的、感情的、精神的——完全由我們自己的態度來創造。

心靈規劃可以轉化為現實的能量

▌ 大師如是說

　　人生就算是做夢，也要做一個像樣子的夢。

——著名學者胡適

　　心靈的規劃就是人生路上的燈塔，當迷茫徘徊之時，當忍受磨難之時，不妨抬起頭來，看一看這座燈塔，讓它賦予我們力量，支撐我們繼續前行。用心規劃自己的心靈，永遠不對未知的事情喪失希望，誰又能保證你不能成為一個成功者呢？學會規劃我們的心靈，擬定一個目標，便能為我們的生活增添勇氣和力量，支撐起我們的一身傲骨，為我們的勇往直前導航。

　　「讓你的心先越過橫杆，你的身體才會越過阻礙。」這是「撐杆跳沙皇」布勃卡的成功秘訣。

　　布勃卡是舉世聞名的奧運會撐杆跳冠軍，他曾數十次創造撐杆跳世界紀錄。

在接受「國家勳章」的授勳典禮上，記者們紛紛提問：「你成功的秘訣是什麼？」

布勃卡微笑著說：「很簡單，每次撐杆跳之前，我都會先讓自己的心『跳』過橫杆。」

作為一名撐杆跳選手，布勃卡在成名之前，儘管不斷嘗試新的高度，但每次都以失敗告終。他既沮喪又苦惱，甚至懷疑過自己的能力。

有一天，他來到訓練場，禁不住搖頭對教練說：「我實在跳不過去。」

教練平靜地問：「你是怎麼想的？」

布勃卡如實回答：「只要踏上起跳線，一看那根高懸的橫杆，心裡就害怕。」

教練看著他，突然厲聲喝道：「布勃卡，你現在要做的就是閉上眼睛，先讓你的心從橫杆上『跳』過去。」

教練的訓斥讓布勃卡如夢初醒，遵從教練的吩咐，他重新撐杆，這一次，他順利地躍身而過。

教練欣慰地笑了，語重心長地說：「記住，先讓你的心從橫杆上『跳』過去，你的身體就一定會跟著過去。」

心靈規劃是一切行動的指導，如果你從來沒有在內心確定一個明確的目標，就會像無頭蒼蠅一樣亂撞。只有確定了「杆」在哪裡，才能拼盡全力，達到你希望的那個高度。

　　每個人身上都有一個取之不盡、用之不竭的潛能寶庫，但是很多人都沒有找到開啟寶庫的鑰匙，所以很難看到其中的風景。漫無目標的飄蕩終會使人迷路，而你自身的潛能寶藏也終會因疏於開採而逐漸貧瘠。

　　要想順利開啟潛能的寶庫，心中一定要有明確的目標、詳盡的計劃。人生計劃，絕非一蹴而就，它是一個不斷積纍的過程。而一個個量化的具體計劃，就是人生成功旅途上的里程碑、停靠站，每一個「網站」都是一次評估、一次安慰、一次鼓勵、一次加油。

　　在制訂計劃時，要注意不要太理想化，不要把計劃的目標定得過高，或者把計劃的進程排得過滿，因為如果計劃中的一些步驟由於能力或者客觀條件等原因無法落實，就會打擊我們做事的信心；而且，一個環節沒有完成，會直接影響下一個環節的進度，一級一級地影響下去，很可能導致整個計劃最終破產。但計劃也不能太低，如果目標過低，不用集中全部精力努力就能完成，則會直接導致時間的浪費，也會使人在內心放鬆對自己的要求，影響做事的效率。

　　所以，想釋放自己的潛能，將計劃轉變為現實的能量不是一件容易的事情。完美的心靈規劃要實現量化，才能對成功有益。能否量化，是計劃與空想的分水嶺。計劃還必須實在，應該在可以達得到的範圍內，不要遙不可及。

凡是看得見未來的人，也一定能掌握現在，因為他們早已經規劃好明天的方向，知道自己的人生將走向何方。留住心中的「希望種子」，堅持自己的一份願想，相信自己會有一個無可限量的未來，心存希望，任何艱難都不會成為我們的阻礙。只要懷抱希望，生命自然會充滿激情與活力。

你是命運大廈的設計師和建築者

▮ 大師如是說

希望，希望，用這希望的盾，抗拒那空虛中的暗夜的襲來。

——文學家、思想家魯迅

生活中，大多數人都心懷理想，可是很多人都不曾實現自己的理想，這是因為他們在追求理想的過程中，被困難和挫折所左右，不能及時地調整自己。我們與理想要保持良好的溝通關係，一定要瞭解實現它可能要面臨的災難，或者在什麼情況下需要調整，不讓這些挫折和陰影破壞我們的行為與理想的和諧。

因此，我們要大膽承擔，如同將樹木植於土壤當中一樣，我們要讓理想紮根於自己的心中。以後，不管要經過多少難關，接受多少考驗，我們都不會為之動搖，因為我們正在從現時向未來傳遞真正的理想。

他高中畢業後，子承父業，成為一名每周只掙三十美元的卡車司

機。不過他活得很快樂，他的駕駛室裡總是飄著愉快的歌聲。最令他自豪的一件事是，一九五三年的時候，他用開車攢下的錢在孟菲斯市的一個錄音棚裡，錄製了一盤自彈自唱的音樂磁帶，作為獻給母親的生日禮物。

她是洛杉磯一家軍工廠的青年女工。像所有工人一樣，她每天都在工廠的生產流水線上，不斷地重複著幾個簡單的動作。她的生活波瀾不驚，唯一值得炫耀的，便是在一九四四年的一天，她像往常一樣在流水線上埋頭幹活。突然，一個到工廠采風的陸軍攝影師注意到了她。攝影師請她作模特，拍攝了一組宣傳照。

他是一個健壯的英格蘭小夥，由於家境貧寒，他十幾歲就自願參加了英國皇家海軍。退役後，他先後做過瓦泥匠、游泳館救生員。一九五〇年，他開始在電影裡扮演一些跑龍套的小角色。做演員所獲得的微薄收入，並不能維持他的日常開支。於是，他又找了一份給棺材刷油漆和上光的工作。

她高中畢業後進入密西根大學，兩年後輟學，帶著僅有的三十五美元和一雙舞鞋，前往紐約尋求發展。她由於沒錢租好一點的房子，便住在爬滿蟑螂的極其破舊的屋子裡。她當過清潔工，做過衣帽間的侍者。做的時間最長的一份工作，是在德肯油炸圈餅店當售貨員。

也許你沒有想到，這些普通的人居然是赫赫有名的大明星，第一位就是「貓王」，第二位是瑪麗蓮·夢露，下一位人們叫他「007」，最後一位更是家喻戶曉，她就是麥當娜。無論多麼平凡，只要不放棄自己的夢想，你也能從小人物變成大明星。

正如上述大明星的經歷，在傳遞理想的過程中，肯定要承受莫大的壓力和挫折，只有堅持不放棄，才能夠走向最終的勝利。我們要像他們一樣，敢於掙脫平庸的命運，這樣我們的人生將會出現輝煌與多彩。

　　生活中，很多人都對未來抱有幻想，我們希望有一個美好的明天，而且也在為這個美好的結局努力著。可是生活中的誘惑太多，有時候決定要做這個，卻在不遠處看到了更好的，就將最初的願望放棄了。

　　「美好的明天」不會無緣無故地向我們臣服，而是需要我們具備真正的力量、堅決的意志、安定的情緒和恒常的信心，但是這一切都需要圍繞一個「真正的理想」。所以，不管遭遇多大的困難，都要堅持自己現時的理想，並且對它持之以恆。相信自己，你就會將命運大廈建築得與眾不同。

用美好的願望去指引生活

▌大師如是說

人們為夢想而鬥爭，正如為財產而鬥爭一樣。於是夢想即由幻象的世界，走進了現實的世界，而成為我們生命中的一個真實力量。夢想無論怎樣模糊，總潛伏在我們心底，使我們的心境永遠得不到寧靜，直到這些夢想成為事實才止。

——文學家、語言學家林語堂

有人曾做過這樣一個實驗，設計一個兩端平衡的蹺蹺板，讓實驗者躺在上面假想自己正騎自行車。雖然身體未動一絲一毫，但不斷自我暗示使沒有外力作用的平衡蹺蹺板逐漸朝腳底傾斜。原來假想的意向性運動使實驗者的下肢血管擴張，血流向下肢，敏感的蹺蹺板就隨之發生了變化。正是這種的心態潛移默化地起到了作用，喚醒了體內積極的因素，達到健全心理機能的功效。

其實我們的生活也一樣，當我們經常性地意識生活的一切美好時，就能不斷為自己創造出一個積極的現實，勾勒一個美好的未來。即使只是一點小小的盼望，也能指引你向未來挑戰，也能讓你活出一個充滿朝氣的今天。

羅傑・羅爾斯是美國紐約州歷史上第一位黑人州長。他出生在紐約聲名狼藉的大沙頭貧民窟。那裡出生的孩子對生活沒有希望，從小打架、偷竊，甚至吸毒，長大了也無法在社會上立足，而羅傑・羅爾斯是個例外。

他被問及「是什麼讓你坐上州長寶座」時，他提到了他小學時的校長——皮爾・保羅。為了改變那裡的孩子，校長利用孩子迷信的心理給孩子們看手相。

當羅爾斯把一隻骯髒的小手伸向皮爾・保羅時，這位校長馬上用愉悅的語調對羅爾斯說：「我一看你修長的小拇指就知道，將來你是紐約州的州長。」當時，羅爾斯大吃一驚，因為長這麼大，從來沒有人說過他以後是做大事的料，這一次，皮爾・保羅先生竟說他可以成為紐約州的州長，著實出乎他的預料。他記下了這句話，並且相信了它。

從那天起，「紐約州州長」就像一面旗幟，羅爾斯的衣服不再沾滿泥土，說話時也不再夾雜污言穢語。他開始挺直腰杆走路，在以後的四十多年間，他沒有一天不按州長的標準來要求自己。五十一歲那年，他終於成了州長。

在就職演說中，羅傑・羅爾斯激動地說：「一個願望值多少錢？願望是不值錢的，它有時甚至是一個善意的欺騙，然而你一旦為了實現這個願望而堅持，它就會迅速增值。」

美好願望的價值就在於它能知道一個人的生活，為了達成這個願望而不斷引導自己現在的生活，並且推動他不斷地為了實現願望而努力。成功者創造奇跡總是始於某一個美好的願望，這個願望會讓一個人在瞬間迸發出無限的激情與潛力。這份潛力就像一個巨大的能量寶庫，發揮無窮的意識，在生活、學習、工作中注入無限的力量，因而能夠在最終取得成功。

昌明文庫·閱讀國學　A0602003

國學大師的心靈雞湯

編　　著	聶小晴	
責任編輯	蔡雅如	
發 行 人	陳滿銘	
總 經 理	梁錦興	
總 編 輯	陳滿銘	
副總編輯	張晏瑞	
編 輯 所	萬卷樓圖書股份有限公司	
排　　版	菩薩蠻數位文化有限公司	
印　　刷	百通科技股份有限公司	
封面設計	菩薩蠻數位文化有限公司	
出　　版	昌明文化有限公司	

桃園市龜山區中原街 32 號

電話 (02)23216565

發　　行　萬卷樓圖書股份有限公司

臺北市羅斯福路二段 41 號 6 樓之 3

電話 (02)23216565

傳真 (02)23218698

電郵 SERVICE@WANJUAN.COM.TW

大陸經銷

廈門外圖臺灣書店有限公司

電郵 JKB188@188.COM

ISBN 978-986-94917-5-4

2018 年 9 月初版二刷

2017 年 5 月初版

定價：新臺幣 480 元

如何購買本書：

1. 劃撥購書，請透過以下郵政劃撥帳號：

　　帳號：15624015

　　戶名：萬卷樓圖書股份有限公司

2. 轉帳購書，請透過以下帳戶

　　合作金庫銀行　古亭分行

　　戶名：萬卷樓圖書股份有限公司

　　帳號：0877717092596

3. 網路購書，請透過萬卷樓網站

　　網址 WWW.WANJUAN.COM.TW

大量購書，請直接聯繫我們，將有專人為您

服務。客服：(02)23216565 分機 10

如有缺頁、破損或裝訂錯誤，請寄回更換

版權所有·翻印必究

Copyright©2018 by WanJuanLou Books CO., Ltd.

All Right Reserved　　　　Printed in Taiwan

國家圖書館出版品預行編目資料

國學大師的心靈雞湯 / 聶小晴編著. -- 初版.
-- 桃園市：昌明文化出版；臺北市：萬卷
樓發行, 2017.05　面；公分. -- (昌明文庫.
閱讀國學；A0602003)

ISBN 978-986-94917-5-4(平裝)

1.人生哲學

191.9　　　　　　　　　　　106008399

本著作物經廈門墨客知識產權代理有限公司代理，由中國紡織出版社授權萬卷樓圖書
股份有限公司出版、發行中文繁體字版版權。